自立活動の視点に基づく

高校通級指導プログラム

認知行動療法を活用した特別支援教育

小関　俊祐
髙田久美子
嶋田　洋徳
編著

杉山　智風
新川　瑶子
一瀬　英史
大谷　哲弘
山本　　奬
著

金子書房

はじめに

　2018年度（平成30年度）から，高等学校における通級指導が開始されました。しかしながら，実際には，「通級指導で何を教えるか」ということそのものが十分に確立していないのが現状のようです。高等学校は，小中学校までの義務教育と異なり，単位認定のための制度の配備を含めた通級指導の時間やマンパワーの確保が必要になるでしょう。また，高等学校においては，学力不振や対人関係上の困難などの問題が，退学や留年といった措置にもつながりかねないため，問題が発生するよりも前に，具体的な対処方略や行動レパートリーを獲得するための機会としても，通級指導における指導の充実は重要となります。

　そのような視点に立ち，高等学校の通級指導において活用可能な認知行動療法に基づくプログラムを作成しました。認知行動療法とは，日常生活において誰しもが認知し（考え）たり行動したりする際に悪循環に陥る場合があることに気づき，新たな認知や行動を獲得したり，すでに獲得している認知や行動を適切に活用することを目指す一連の支援方法を指します（詳しくは「Ⅱ　特別支援教育における認知行動療法」参照）。

　認知行動療法に基づくプログラムを展開することの利点のひとつとして，教育内容における手続き上の評価ポイント（何を身につけたか）と，結果としての評価ポイント（結果として何が達成できたか）を明確に設定し，一連の通級指導プログラムの中で，積み上げ式の指導や，あるいは個々のプログラムを適宜活用する選択式の指導をも柔軟に選択し，活用することができることが挙げられます。これによって，様々な状態像の生徒に合わせた教育内容を提供することが可能となるとともに，通級指導担当以外の教員にも授業内容やその意図について説明することを容易にできることが期待されます。

　本書では，実際のプログラムの概要とその効果や実践上の留意点について紹介しつつ，義務教育ではない，高等学校における通級指導および特別支援教育の在り方と，有効性を担保するためのポイントを整理することで，高校生活だけではなく，社会に出てからも通用するスキルや知識を身につけることを目的としています。

　構成としては，1年間の授業時間数を踏まえて，35単位時間，17のプログラムとなっています。各プログラムは，実践者である先生方になじみのある指導案様式で作成しています。また，各プログラムのワークシートは，視覚情報を中心として作成されており，何度も内容の確認が可能となっています。ワークシート自体も，書き込む量を減らして取り組みやすくするとともに，様々なヒントを提示することで，先生が答えを提示してガイドするのではなく，生徒が自分で考えて，自分なりの答えにたどり着くことを促す構成となっています。このワークシートは，金子書房のウェブページにてダ

ウンロード可能ですので（ダウンロード方法は，29ページを参照），実際の通級指導において活用していただければと思います。また，ワークシートの解答例も本書内に掲載されていますが，これはあくまで「例」であり，上記のとおり，生徒自身の答えをみつけることが重要です。解答例として先生方が参考にされる程度にとどめていただき，生徒に「正解」として示すようなことは推奨しません。

　通級指導の対象となる生徒にかぎらず，生徒自身も，生徒を支えられている先生方も，様々な局面で頑張られることが多いこととお察しいたします。その頑張る際の，「どう頑張ったらいいか」の方向性や具体案を提供する部分を，本書が担うことができれば幸いです。

もくじ

ワークシートのダウンロードおよび使用に関しては，29ページをご覧ください。

高校における
通級による指導のポイント

＊本書においては，法律で用いられる用語に従って「障害」の表記を使用します。

1 高校における通級による指導に向けた動向
──インクルーシブ教育システムの構築と多様な学びの場の整備の必要性

　高等学校における特別支援教育は，2005年（平成17年）12月8日の中央教育審議会答申「特別支援教育を推進するための制度の在り方について」で言及され，その後，2007年（平成19年）4月1日の改正学校教育法の施行により，高等学校においても特別支援教育を行うことが法的に位置づけられました。あわせて，文部科学省初等中等教育局長より「特別支援教育の推進について（通知）」の中で，特別支援教育の基本的な考え方や留意事項等が示され，「特別支援教育を行うための体制の整備及び必要な取組」として，①特別支援教育に関する校内委員会の設置，②実態把握の実施，③特別支援教育コーディネーターの指名，④関係機関との連携を図った「個別の教育支援計画」の策定と活用，⑤「個別の指導計画」の作成，⑥教員の専門性の向上，の6点が示されました。これらの答申や通知により，高等学校でも特別支援教育が始まりました。

　また，障害者の社会的共生について，2006年（平成18年）12月に国際連合の総会で，障害者に関する初めての国際条約である「障害者の権利に関する条約」（以下，障害者権利条約）が採択されています。国内では，障害の有無にかかわらず共生社会を目指すことを示すために「障害者基本法」が改正（平成23年8月）され，また，「障害を理由とする差別の解消の推進に関する法律」（以下，障害者差別解消法）を成立（平成25年6月）させるなど法整備を進め，2014年（平成26年）1月に同条約を締結しました。これらの動向を踏まえ，①インクルーシブ教育システムの構築（障害者権利条約第24条），②合理的配慮（障害者差別解消法第7条第1項および第2項）が法的に規定され，これまで以上に支援や配慮の充実が求められるようになりました。

　一方，中央教育審議会初等中等教育分科会特別支援教育の在り方に関する特別委員会は，2012年（平成24年）7月の「共生社会の形成に向けたインクルーシブ教育システム構築のための特別支援教育の推進（報告）」で「共生社会の形成に向け，インクルーシブ教育システムにおいては，同じ場で共に学ぶことを追求するとともに，個別の教育的ニーズのある幼児児童生徒に対して，自立と社会参

加を見据えて，その時点で教育的ニーズに最も的確に応える指導を提供できる，多様で柔軟な仕組みを整備することが重要である」と示しました。この中で，義務教育段階における連続性のある多様な学びの場を用意することの必要性が示されています。加えて学校教育法第81条において，小学校，中学校だけでなく，高等学校および中等教育学校においても「障害による学習上又は生活上の困難を克服するための教育を行うものとする」とされていることを踏まえると，高等学校における通級による指導も重要な役割を果たすことが期待されます。

　これまで高等学校では，関係法令の規定がなかったために，通級による指導を行うことができませんでした。しかし，インクルーシブ教育システム構築の観点と高等学校における連続性のある多様な学びの場を用意する観点から法令上の矛盾が解消されたことで，2018年（平成30年）4月から高等学校における通級による指導の制度化が開始されました。これまで各校で取り組まれてきている通常の授業の工夫や改善，個に応じた支援および合理的配慮によって，特別支援教育充実のための校内体制のさらなる推進につながるものと考えられます。

2 本書を読むための「通級による指導」に関する確認

(1) 通級による指導の対象

　学校教育法施行規則第140条では，通級による指導の対象となる障害種を，① 言語障害者，② 自閉症者，③ 情緒障害者，④ 弱視者，⑤ 難聴者，⑥ 学習障害者，⑦ 注意欠陥多動性障害者，⑧ その他障害のある者で，この条の規定により特別の教育課程による教育を行うことが適当な者（肢体不自由者，病弱者及び身体虚弱者が該当）としています。また，具体的な内容については，2013年（平成25年）10月文部科学省初等中等教育局長による「障害のある児童生徒等に対する早期からの一貫した支援について（通知）」の中で，「通常の学級での学習におおむね参加でき，一部特別な指導を必要とする程度の者」とされています。そのために，通級による指導の対象となる生徒の判断については，「医学的な診断の有無のみにとらわれることのないように留意し，総合的な見地から判断すること」とされています。なお，通級による指導の対象となる障害種には，「知的障害」を含めていません。その理由として，①知的障害の特性として，習得した知識や技能が断片的になりやすく，生活に結びつきにくいことや，場面や状況を理解した上での適切な判断や行動が難しい場合が多いため，生活に結びつく実際的・具体的な内容を継続して指導できるような位置付けが必要であること，②①のことをふまえると，知的障害による学習上又は生活上の困難の改善・克服に必要な指導は，一定時間のみ取り出すことはなじまないことが指摘されています。

　本書では，言語障害，弱視，難聴，肢体不自由，病弱・身体虚弱に関しては，高等学校側の環境整

備が第一に優先され，また支援の際に臨床心理学以外の専門性が必要とされる障害であるため，これらの障害の特徴に由来するターゲット行動に関しては，除外しています。

(2) 指導内容

　内容については，「特に必要があるときは，各教科の内容を取り扱いながら指導を行うこともできますが，単に学習の遅れを取り戻す目的で指導を行うことはできません」（国立特別支援教育総合研究所，2018a）とあります。高等学校においては，障害のある生徒が自立と社会参加を目指し，障害による学習又は生活上の困難を主体的に改善，克服するための指導とし，特別支援学校における自立活動に相当する（文部科学省，2016）ものとされています。

　これは，生徒の課題に基づいた個別の指導計画を立てるときに，通級による指導を行う場合には，指導内容は自立活動に相当するものであることを意味します。多くの実践例として取り上げられているソーシャルスキルはその一部になります。

　本書では，前述の通り，その対象生徒は「障害者手帳の有無は問わないこととする」と文部科学省（2016）が明記しているため，ターゲット行動も障害名を限定せずに記載しています。また，自立活動の中で，認知行動療法の知見を活用できる項目に対応できるように作成しています。

(3) 教育課程の位置づけ

　平成30年（2018年）に改正された学校教育法施行規則では，「高等学校で障害に応じた特別の指導を行う必要がある者を教育する場合，特別の教育課程によることができる」とされました。さらに，告示の改正では，「障害に応じた特別の指導を高等学校の教育課程に加え，又は選択教科・科目の一部に替えることができる」「障害に応じた特別の指導に係る修得単位数を，年間7単位を超えな

図1　障害に応じた特別の指導を教育課程に加える例と替える例（国立特別支援教育総合研究所，2018a）

い範囲で卒業認定単位に含めることができる」とされました。ここで留意すべきことは，必履修教科・科目等については，高校教育の共通性を確保する観点から設定されていることを踏まえ，あくまでも選択教科・科目の範囲内で，一部に「替える」ということになります（図１）。

　本書では，ターゲット行動ごとに指導内容とプログラムが作成されています。教育課程に加える場合でも替える場合でも，柔軟に指導内容を選定し，それらを組み合わせてプログラムを構成することができます。

3　「通級による指導」の大前提

(1) まずは通常の学級でできる支援を！

　最も重要なことは「校内の全生徒が支援対象者」と考えることです。例えば，教師の思っていることが何の工夫もなしに生徒に伝わるわけではありません。これまでもポイントを繰り返したり，例を提示したりしながら，教師は一人ひとりの生徒に思いが伝わるように工夫をしてきました。それでも通常の工夫をしただけでは伝わりにくい生徒が含まれている場合もあります。だからといって，このような生徒全員が特別な支援を必要とするわけではありません。教師は，日常の教育活動の中で，様々な手段や方法を替え配慮を繰り返しているのです。全体指導でうまくいく生徒もいれば，活動の中で援助することでうまくいく生徒，事前事後に個別の配慮をしなければならない生徒もいるなど様々です。ユニバーサルデザインの観点に基づいた授業を試み，それでも十分ではないときには，いわゆる合理的な配慮が必要な場合があります。さらに，支援員を配置して対応することもあるでしょう。それでも，他の生徒と同じ空間，同じ時間では教育目標を十分達成できないことがあります。この生徒たちに，空間と時間を別に設けて支援を行うのが通級による指導ということになります。

　そして，最初から，困っている（ニーズのありそうな）生徒に「通級による指導をする」という発想はありえません。これは，「この子は，一斉指導では難しいから，病院へ，特別支援へ，カウンセラーへ」という発想と同じで，心配というよりも排除する結果になってしまいます。現在はインクルーシブ教育が前提ですから，個別の指導計画立案の際は，まずは「通級による指導」ではなく，通常の学級での支援を検討します。それに基づいて支援し，できないことがあれば，その生徒のニーズに合わせた支援を再検討します。つまり，支援の手立てとして通級による指導が必要か判断することになります。

(2) 自尊心や心理的な抵抗への配慮への考え方

　「発達障害等のある生徒の実態に応じた高等学校における通級による指導の在り方」（国立特別支援

教育総合研究所，2018b）で実施された教育委員会を対象としたアンケートでは，通級による指導を導入するときの課題のひとつとして，「対象となる生徒の自尊心や心理的な抵抗への配慮」が挙げられています。

　しかし，生徒の自尊心や抵抗感への配慮を考えているうちは生徒の傷つきを先送りしているだけだといえます。本当に考えなければいけないのは，「通級による指導を受けるメリットとデメリット」について，教師と生徒と保護者とで共通認識と見通しを持てるようにすることです。言い換えると，通級指導の善し悪しを踏まえた上で，将来に向けて指導を受けたほうが成長できるという確信を三者でもつことが必要です。このことなしに，今傷つかないようにという抽象的な配慮をしようとしているのは，生徒を最初から弱者とみなしていることになりうる可能性が出てきてしまいます。

　個別の指導計画は，通常の学級でできる支援を検討する段階から，生徒と保護者の合意を得て行うことが望ましいでしょう。さらに必要な支援や環境を用意したときに，生徒自身が制度として認められた利益のあることだと理解し，正々堂々と活用できる制度であることを知り，単位になる立派な教育活動を受けていると自覚できることが重要です。

4　対象生徒のニーズ把握から評価までの留意点

(1) 中学校との連携

　中学校で個別の教育支援計画や個別の指導計画に基づいて行ってきたことを，高校でも同様に続けなければならないと決めつける必要はありません。中学校のときの個別支援によって，すでに生徒が克服した課題であれば，高校では特別に配慮をしなくても同様の支援を機能させることができるかもしれません。例えば，中学校のときは，陰口を言われたときに深く傷ついて動けなくなるということについても支援していたとします。高校では生徒も成長し，「世の中こんなもんなんだ」と割り切ることができたり，陰口自体が減ったり，あるいは陰口で大きく傷つくことがなくなったりすることで，この生徒に陰口に対する支援が必要なくなることもあるでしょう。

　しかし，通級による指導が必要なくなったとしても，その生徒に対する有益な支援を引き継ぐ利益は大きく，高校入学後の通常の学級での支援に生かすことができます。そのため，中学校からの引き継ぎでは，「中学校の個別の教育支援計画及び個別の指導計画とその達成状況」の情報を得て，高校での指導計画に生かします。このとき注意しなければならないのは，中学校からの引き継ぎは，通級による指導を前提にしたものではないということです。

　引き継ぐコツは，その生徒の課題の全体像（例えば，必要な情報について入力できるが保持はできない，10人中9人までは当然のように考えられることを考えることができないなど）を示してもら

い，高校側が，不適応症状を表すパターンを理解した上で，中学校でどのような支援を実施した結果，どこまで達成されて，どこから達成できていないのかを明確にすることです。

(2) 生徒のニーズの把握

　ニーズは聴き取りのみで十分に把握できるものではありません。うまくいかないときに，支援者側が工夫したポイントがその生徒にとってのニーズであり，生徒から聴き取れるものはそのひとつ手前にある「困った」という率直な訴えです。その生徒の「困った」ことがはっきりすれば，支援内容が特定され，それが教室で対応できることなのか，通級による指導でなければ対応できないことなのかが弁別されます。この段階を踏まえずにニーズを見極めようとすると，うまくいっていないことだけが集まり，まるでその生徒の悪口を言っているかのようになったり，排除する結果になったりしがちです。そして，教師は排除することに後ろめたさを感じるため，「傷つけないように」という本人の利益にまったくつながらない方策を選んでしまうおそれが出てくるのです。何らかの支援を行わなければならないという頭で情報を集めれば，うまく機能していないことばかりに目が行きがちになり，建設的な検討には至りません。教室での対応以外に，通級による指導を選択肢に置いて，支援者側の可能性を広げておいてこそ，柔軟な視点でピンポイントに生徒のニーズを把握することができるのです。

(3) 査定と目標設定

①査定について

　支援の上手な教師になるとは，「査定」と「方策」と「目標設定」を適切に扱えるようになることです（山本ら，2020）。具体的には，生徒の状態について適切に査定でき，その査定に基づいて，目標とする生徒の変容が具体的で現実的な難易度で設定でき，過去の経験と学びから有効と思われる方策を選択できることでしょう。

　中学校で作成された個別の指導計画はこの「査定」と「方策」と「目標設定」がすべて入っていると期待されます。そして，高校で支援していくときにもこれらの3つが必要です。実践場面の査定では，生徒の現状，課題だけでなく，何を目指して何をやったのか，それが有効に働いていたのかどうかも含めて査定になります。

　また，「査定」には，対象の現状を査定するための観点や基準が備えられていることが必要です。つまり，経験や勘でやみくもに見たり決めたりするのではなく，観点をもって生徒を見ることです。そして，今，何ができて，何ができないかを具体的に見極めます。例えば，「この子は関わりがもてない」ではなく，「心を許している一部の人とは関わることができる」と見ることです。マイナスやネガティブだと考えられる行動がどの場面で現れ，どの場面で現れないのかを弁別することはとても重要です。

さらに，「査定」において，その生徒の個人の内側にあるものだけを見極めようとするのは間違いです。ある環境の中にいることを前提に，環境との関係で査定をします。あるいは，教師がその生徒の力を査定しようとするときは，教師の支援との関係で査定をすることとなります。査定をするときには，「短所は何か」だけ，あるいは，「長所は何か」だけを考えては有益なものとなりません。その生徒の特徴は何か，それはどのような場面で長所として働くのか，あるいは短所として働くのかという視点で査定をすれば，必然的に有効な方策へとたどりつくことになります。

　このような手立てで査定すると，例えば，教師がクラス全体に「ノートにまとめなさい」と指示を出したとき，指示が通らない生徒が問題だと考えるのは真理に近づいていないことがわかるでしょう。本当はその指示で理解できるのはクラスの１／４くらいであり，残りの生徒は，教師の指示があいまいすぎて理解できないかもしれません。このとき，多くの生徒は，近くの生徒に聞く，行動を見るなどで補い，それらしく振る舞うため，教師の目には理解できたかのように映ります。一方，他の生徒に聞いたり，見たりができない残りの生徒は，教師の指示がわからないままです。教師からすると，その指示の通らないごく一部の生徒が問題に見えるかもしれませんが，指示が通っていないという基準で見れば，３／４の生徒に指示が通っていないことになり，問題は教師の側にあると考えることもできるのです。つまり，一部の「指示の通らない生徒」は，「教師の期待どおりに動けなかった生徒」にすぎないと考えるのが妥当といえるでしょう。

　さらに「査定」では，教師側の記録も留意したいところです。記録の作成は，支援を見通した査定になるからです。具体的な行動を記述（把握）するときに次の３つの視点が重要です（山本ら，2020）。記述したときに「○○のときは□□ができる」と書いてあれば，それは支援のヒントになります。「××ができない」と書いてあるとしたら，それが査定なのか，改善点なのかを区別することが必要になります。教師の記述の中には，「××ができない」ばかりになっていることがあります。これでは，生徒や保護者に見せられる個別の指導計画を作成することが難しいことになりますし，有益な支援関係も構築できないでしょう。「○○のときは□□ができる」と書くことができたら，有効な支援の発見につながります。これらの視点による記録は，生徒や保護者を傷つけるものではなく秘密にする必要はありません。自分がよい査定ができているのか，この査定を生徒や保護者に見せることができるかどうかという視点で点検してみましょう。もっと言えば，自分の査定があっているかどうかは生徒に確かめてみるのが一番なのです。

②目標設定について

　「目標設定」に際して，生徒本人に身につけたいことや伸ばしたいことを聞くと不安を喚起することになります。目標設定のコツは，できるという見通しを提供することにあります。目標はゴールではなく，そのゴールと今をつなぐ道筋そのものを目標と考えるとよいでしょう。教師の支援とは目標を支えることではなく，目標までの道筋や見通しを支えることにあるのです。この見通しは「努力す

ればこれを得られる」という結果期待ではなく，「自分はこうすれば努力し続けることができるであろう」という効力期待のことです。人は，見通しをもつと心が落ち着きます。しかし，見通しをもつことはかなり難しいことでもあります。だからこそ，例えば，「完璧にできなくてもこれを10回繰り返したら練習として成立する」というように，緩い目標に置き換えることが大切になるのです。通級による指導は，この見通しに基づいた目標設定が有効です。

　また，目標設定するときに，善意の押し付けとならないようにしたいものです。例えば，人と話すことが苦手な生徒がいたら，話せる能力がほしいと思うよりも，話さなければならない場を避けるほうが望みだという可能性も考慮した上で聴き取らなければなりません。苦手だからそれを克服するためにやらせるというのはとても酷なことです。教師が点検するときに，「この生徒が話せるようになったときに，誰がうれしいのだろう」と考える必要があります。このときに教師がうれしいということであれば，その目標設定は誤りでしょう。通級による指導で，とにかく短所を克服させようとするのはあきらかな間違いです。パーソナリティとは，その人の特性であり，長所でも短所でもありません。その特性が，ある環境では長所になり，別の環境では短所にもなるのです。例えば，「声が大きいこと」は人前でレクチャーをするときには長所として働きますが，図書館のような静けさを求められる場所では短所に働きます。大きな声で話すことだけを目標としたのでは教師側の勝手な望みにすぎないのです。単位にならない個別の支援ならば，生徒のニーズとかみ合わなければ，その生徒は来談・来室しなくなり，支援は終わります。しかし，選択科目にして単位化したら生徒は逃げるわけにはいかなくなります。つまり，苦手な子に苦手なことをやらせ続けることになるため，せっかくの選択科目であるにもかかわらず，その苦痛を強要していることになってしまうのです。

⑷ 評価と査定・方策・目標設定との関係

　図2（山本ら，2020）の中の2回目の査定は，それまでの支援の結果について，1回目の査定の適否と1回目の方策の適否を評価することになります。そして，これらを通して，目標設定が適切だったかどうかも評価します。

　また，評価は，目標の達成状況の点検を1日，1週間，1カ月間，学期中などの多様な期間を組み合わせて行うことが重要です。コツは，高校を卒業するまでにどこまでを目指すのかを考えることです。このときに「よりよく」や「できるだけ」や「自立」のような抽象的な目標を作らずに，具体的にどのような状態にして高校の次のステップに引き継ぐのかを生徒や保護者と考えます。

　さらに，設定された目標について満足できる状態になれば，通級による指導での支援は終了となります。そのため，選択科目として行うことは，本人の成長や目標の達成を前提としない相当無理のある方法だともいえます。だからこそ，選択科目としての通級による指導の対象と判断したからには，当該生徒の不利益とならないように，できるだけ35単位時間を満たすようにすることも学校の責務といえます。そして，選択科目の場合，達成後の授業をどのように考え，実施するかを整理しておく

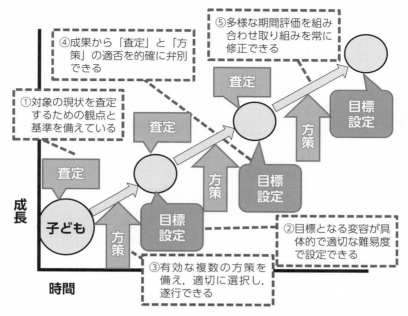

④成果から「査定」と「方策」の適否を的確に弁別できる

⑤多様な期間評価を組み合わせ取り組みを常に修正できる

①対象の現状を査定するための観点と基準を備えている

査定

目標設定

方策

査定

目標設定

方策

査定

目標設定

方策

子ども

成長

時間

②目標となる変容が具体的で適切な難易度で設定できる

③有効な複数の方策を備え，適切に選択し，遂行できる

図2　査定と方策と目標設定の過程（山本ら，2020より作成）

ことが必要になります。一方，選択科目としてではなく，放課後の通級による指導として実施するメリットは，課題や設定された内容に応じて支援を受ける生徒が入れ替わることが可能になることです。この入れ替わりは対象となる生徒だけでなく周囲の生徒にも，多様性と適応について考えさせる機会となることでしょう。

　なお，新たな目標を設定するときには，教師が勝手に展開するのではなく，あらためて生徒と保護者と話し合って，合意を得てからスタートすることが重要です。

(5) 個別の指導計画の作成

　査定をして，個別の指導計画を立てた上で，校長が教育課程編成権をもとに，通級による指導という教育課程を編成します。あらかじめ，例えば「ソーシャルスキル」という科目が設定されていて，それを受講するのではありません。個別の指導計画を立てたとき，自立活動の「人間関係の形成（1）他者とのかかわりの基礎に関すること」に該当する課題があれば，通級による指導でできると判断し，その自立活動の展開のひとつとして，ソーシャルスキルトレーニングの考え方を援用した支援が可能だという順番で考えることになるのでしょう。

　また，個別の指導計画を練る過程では，考えられる支援についても生徒と保護者と検討し，個別の教育支援計画と同様に合意を取ることをおすすめします。合意を得られないときには，生徒と保護者が納得できることを一緒に考えます。この過程を経ることで，保護者への説明を同時にすることができるのです。あらためて通級による指導を行うことを説明するために個別の指導計画が作成されるのではなく，まずは通常の学級での支援を前提として作成されるのです。つまり，通級による指導の説

明と合意ではなく，通常の学級でできる支援を考え，それを記した個別の指導計画について説明し，その合意を得ることが，卒業後を見すえた連携につながるのです。

5 高校における通級による指導の課題

(1) 高い専門性を必要としない指導内容とプログラムの構築

　特別支援教育コーディネーターの配置は100％に到達している一方で，その内訳は，通常の学級担任，養護教諭の割合が半々であり，専門性が担保されているとはいえないことが指摘されています（文部科学省，2017）。また，高等学校において特別支援教育を担う人材育成に関して未整備であることが指摘されています（関ら，2017）。このように，高等学校における特別支援教育に関して，担当する教師の専門性をいかに保証するかという点が課題のひとつとなっています。

　通級による指導においても，学校で決めた指導計画に基づいて，具体的な援助ができる専門性をもたなければなりません。本来は，自立活動6区分27項目すべてに精通していないといけないことになります。これは学校レベルで解決できるものではないため，今後，高等学校でも自立活動の専門性をどのように担保するかは大きな課題になるでしょう。

　教師が心理教育など新たな取り組みをする際には実施に関して不安になりますが，一方で教師は多忙で時間がなく，実施に向けた専門性を身につけるための研修時間を確保することが難しいのが現状です（大谷・粕谷，2020）。そのため臨床心理学などの専門知識をもたない教師にとっても，現場での実用可能性が高い具体的な指導内容が必要となります。その具体的な指導内容が自立活動6区分27項目のどれに相当するか整理し，教師が選択するときの観点，または，基準を提示することが求められます。

　また，プログラムを構築する際には，対象となる生徒の特性や課題を査定した上で，具体的な指導内容をどのように組み合わせるのかというガイドラインも必要です。加えて，指導内容とプログラムの作成の「オーダーメイド」化について，教師自身が行えるように工夫の視点を提示することも重要なことでしょう。

(2) 般化の視点

　インクルーシブ教育の発想は，本書で活用している認知行動療法の技法のひとつであるソーシャルスキルトレーニング（Social Skills Training；以下，SST）を実施するときでも，「集団によるSST」として大きな成果をあげています。例えば，教室で生徒全体を対象としたSSTとして，「友人に相談する」という練習をしたとします。なかには，うまく相談を持ち掛けられない生徒もいるでしょう。

この場合，相談をする側の生徒だけでなく受け止める側の生徒も，相手の生徒が「困っているんだな」ということを聴き取る練習をしていることになります。これは双方向的なコミュニケーションが可能な教室ならではの利点といえます。しかし，通級による指導は対象生徒単独で行いますので，どのように般化をするかが課題となるでしょう。自校通級の場合，当該校の教師が行いますので，通級で行われた指導を，通常の学級での授業で生かすことができます。他校通級の場合はより一層，般化を前提にしながら，個別の指導計画を立て，通常の学級での支援と通級での支援が連続することがポイントになります。

(3) 現実の支援で起こりうる課題の想定と準備

　中学校では，複数の生徒がいても個々に応じた内容を複式指導することがありますが，例えば，高校ではマンパワーなどの校内事情で，選択科目として設定し，指導者1名に対して生徒が5名ということがあるかもしれません。このとき，個別の指導計画は5人分あり，通級による指導の支援として5人に共通することを行うということもあるでしょう。一方，今日の授業で扱う内容を必要としていない生徒を，選択科目なので授業として受けさせるということもあるでしょう。このとき，そうした生徒にその授業にどのように参加させるかを事前に検討しておかなければなりません。

　実際の授業では，本書のような指導内容やプログラムを参考にしつつ，当該校での支援体制で起こりうる課題を事前に検討することも重要です。しかし，(1)の内容と重なりますが，高等学校での特別支援教育の現状と照らし合わせると，これを誰が行うのかという課題も残っています。

引用文献

国立特別支援教育総合研究所（2018a）高等学校教員のための「通級による指導」ガイドブック──おさえておきたい8つの課題と課題解決のための10のポイント.

国立特別支援教育総合研究所（2018b）発達障害等のある生徒の実態に応じた高等学校における通級による指導の在り方.

文部科学省（2016）「高等学校における通級による指導の制度化及び充実方策について」. 高等学校における特別支援教育の推進に関する調査研究協力者会議報告.

文部科学省（2017）平成28年度特別支援教育体制整備状況調査結果について.

大谷哲弘・粕谷貴志（2020）オリエンテーションがうまくいく　かかわりづくりワークショップ──入学期の不安を解消する.　図書文化社. 印刷中.

関あゆみ・姫野完治・安達潤・近藤健一郎（2017）高等学校における特別支援教育の現状と課題(1)──北海道の高等学校を対象とする実態調査から. 子ども発達臨床研究，9，13-22.

山本奬・大谷哲弘・伊藤綱俊・村上貴史（2020）教職大学院における子ども支援開発実習の計画と実践. 岩手大学大学院教育学研究科研究年報，4，印刷中.

特別支援教育における
認知行動療法

1 認知行動療法とは

　認知行動療法は，臨床心理学における有力な支援法のひとつです。歴史的には，成人のうつ病や不安症に対する精神療法として体系化されてきました。しかし，認知行動療法は，これまでの精神分析的心理療法に代表されるような，いわゆる「心の内面」のみに焦点を当てるのではなく，客観的に目に見える「行動」にも焦点を当て，現在起こっている問題を分析し，支援していくところに特徴があります。したがって，認知行動療法は，様々な問題行動を示しつつも，心の内面を見つめることが苦手な児童生徒に対する支援と，とても相性がよいことが次第にわかってきました（小関・石原・池田，2016）。そして認知行動療法は，児童生徒を対象とした対人関係スキルの獲得や向上を目指したソーシャルスキルトレーニング（Social Skills Training: SST）や，不登校やいじめに代表される学校不適応の問題に対する支援，特別支援教育における具体的な支援方略の確立と，それらを学校教員と協働して進めるための「行動コンサルテーション」などの形で発展してきました（加藤・大石，2004）。

　認知行動療法の学問上の特徴として，明確な創始者はいないとされていること，そして，様々な支援技法の総称として，認知行動療法という言葉が用いられていることが挙げられます。また，日々発展し続けていることも大きな特徴であり，様々な問題に有効とされる支援技法が次々に開発されています。認知行動療法の対象も，精神疾患のある成人から，一般の児童生徒，発達障害のある児童生徒やその保護者，教師など，大きな広がりを見せています。そして，高等学校の通級指導が本格的にスタートしたことを契機として，認知行動療法の適用範囲もまた，広がったといえるでしょう。

　もうひとつの特徴として，認知行動療法には何かしら生じた出来事に対して，頭の中で考えたり思ったりしたことが，その後の感情や行動に影響を及ぼし，特にそれらが悪循環につながっている場合に，一つひとつの関連を整理し，対応方針を決めていくという観点があります。問題とされる認知や行動は，必ずしも個人の内面のみの問題として捉えず，個人を取り巻く「環境」との相互作用に

よって問題かどうかが判断されるという視点をもっています。「大声で叫ぶ」は，授業中であれば問題行動でしょうが，カラオケや運動会の応援であれば，適応行動と位置づけられるということになります。学校，あるいは学級の中でも，環境（学校のルールや，教師および他の生徒の声掛け，反応など）との相互作用も含めて，個人の行動を理解していくことで，対応方針を設定していきます。

　上記のような一連の情報収集と対応方針設定のための手続きを「アセスメント（査定）」と呼びます。アセスメントを行う中で，問題解決のための目標を具体的に設定し，そのために必要な認知や行動の形成を促進したり，すでに習得済みの認知や行動の様式をうまく表出したりできるように支援を行います。そのために，対象となる生徒がどのような体験をすることが必要であるかを検討し，それに必要な練習の場（例えば，カウンセリングや通級など）と実践の場（例えば，学級など日常生活の場面）を設定します。

　これらの関わりや支援の効果を，「感覚的に」評価するのではなく，意図して「実証的に」評価するために，生徒自身に行動の記録をつけさせるセルフモニタリングの手続きや，教師など他者が行動を記録する行動観察の手続きなどが用いられます。場合によっては質問紙（アンケート）で評価を行ったり，心拍数等の生理的な指標を測定したりする場合もあります。このような手続きを経て，様々な問題や疾患に有効性があると考えられるプログラムが多数作成されており，それらの知見をもとに，学校現場で活用する形に調整したものが，本書のプログラムになります。

2 行動の「機能」に着目する

　認知行動療法では，どのような「行動」や「手続き」を選択したか，ということだけではなく，どのような行動や手続きを選択したら，どのような「結果」が得られたか，を重視しています。行動によって得られる結果は違ってきますが，認知行動療法では，「行動の機能が違う」という表現の仕方を用いて理解します。機能とは，行動や手続きのもつ意味や目的や役割と理解していただくとよいでしょう。例えば，「授業中に席を立つ」という行動は共通していても，「退屈なときに席を立ったら，みんなが笑ってくれてうれしかった」というときの席を立つ行動の機能は「注目の獲得」になるでしょう。一方，「今からテストをします」と教師が言った瞬間に席を立ったとしたら，席を立つ行動の機能は「嫌なことからの回避」であると予測できるはずです。あるいは，授業中，廊下を好きな先生が通ったのを見かけて，「○○先生だ！」と言って席を立ったとすれば，「好きなものへの接近」の機能をもつと考えられます。このほかにも，「ストレスの発散」や，うれしい，楽しい，気持ちいいなどの「感覚刺激の獲得」の機能が代表的であるといわれています。

　認知行動療法では，何かしらの不適応行動が出現した場合に，この「機能」を意識しながら，別の

比較的望ましい行動（代替行動）を習得させることを支援方略のひとつとして選択することが多いです。上記の例でいえば，「授業中に席を立つ」よりも比較的適応的に「注目の獲得」を達成する方法として「授業中，挙手をする」という行動を習得できるよう支援します。これによって，比較的「望ましい行動」で本人が望む状況を作り出すことができれば，あえて「席を立つ」という行動を多く用いることが減ってくるはずです。ただし，席を立つ行動が「好きなものへの接近」だとすると，おそらく同じ「挙手をする」行動を習得させても，席を立つ行動の減少には至らないことが予想されます。

3 認知行動療法の効果は「あと」から決まる？

　友だちと仲良くなる方法を身につけたい生徒がいた場合に，どんな方法が有効であるといえるでしょうか。例えば，「友だちの肩を叩いて声をかける」という方法を選択し，習得すれば，友だちと仲良くなる方法を身につけた，といえるでしょうか。実際には，肩を叩いて声をかけてみたあとに，結果として仲良く遊ぶことができれば，その方法は有効であるといえます。その一方で，肩を叩いて声をかけても，一緒に仲良く遊べなかったり，かえって嫌われてしまったりするような場合には，その方法は「有効ではない」と考えざるを得ません。このように，行動したあとで，期待した結果が得られたかどうかによって，その行動が有効であったかどうかを理解します。有効であれば，また同様の場面で同じ方法で声をかければよいでしょうし，有効でなかった場合には，新たな方法を習得した

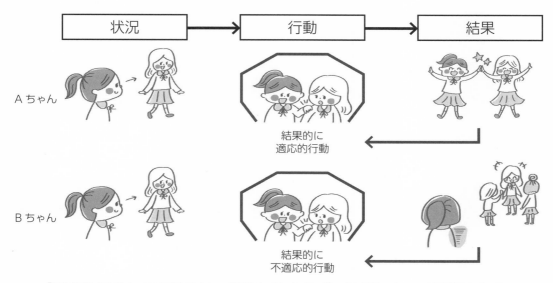

「適応的行動」の有効性は一義的に決まらず，結果によって理解される

図3　認知行動療法の考え方

り，選択したりすることになるでしょう。これによって一般的な公式ではなく，その子に応じた具体的な支援方法も作ることができます（図3）。

4 認知行動療法を特別支援教育に活用する

　このような認知行動療法が重視している視点は，具体的な行動を中心として支援を行うことが多い特別支援教育と相性がよいといえるでしょう。2005年（平成17年）に中央教育審議会が出した「特別支援教育を推進するための制度の在り方について（答申）」において，特別支援教育は「障害のある幼児児童生徒の自立や社会参加に向けた主体的な取組を支援するという視点に立ち，幼児児童生徒一人一人の教育的ニーズを把握し，その持てる力を高め，生活や学習上の困難を改善又は克服するため，適切な指導及び必要な支援を行うものである」とされています。このニーズの把握や支援において，生徒の診断名（自閉症スペクトラム，ADHDなど）に基づく理解ではなく，「どんなときに」，「どんな行動が起きて」，「どんなよくないことにつながって」，「誰が困っているのか」を理解することで，学校や家庭の中でできる支援の選択肢が一気に増えていくという視点をもつのが認知行動療法の特徴です。したがって，病院やクリニックにていわゆる「診断」を受けていない生徒でも，行動を丁寧に整理して理解していけば，診断を待たずとも支援の方略を提示することができるという利点があります。

　また，2012年（平成24年）の中央教育審議会による「共生社会の形成に向けたインクルーシブ教育システム構築のための特別支援教育の推進（報告）」でも，インクルーシブ教育システムの構築について，「個別の教育的ニーズのある子どもに対して，自立と社会参加を見据えて，その時点で教育的ニーズに最も的確に応える指導を提供できる，多様で柔軟な仕組みを整備することが重要である」としています。このような考え方は，認知行動療法において，「『適応的行動』の有効性は一義的に決まらず，結果によって理解される」という視点と共通します。認知行動療法では，生徒自身がひとつの方略を身につけるにとどまらず，そもそもの不適応行動につながるようなきっかけを取り除くように，生活環境に働きかけたり，行動の結果として得られる状況を操作したり，様々な視点からアプローチを行います。具体的には，他者の行動にアプローチする際の基本方針は，①行動の「きっかけ」を操作する，②行動の「結果」を操作する，の2つの観点が挙げられます。生徒の「望ましい行動」を「増やす」には，a）行動の「きっかけ」を提示する，b）行動の「結果」に「いいこと」を提示する，の2つが基本的な対応になります。一方，「望ましくない行動」を「減らす」には，a）行動の「きっかけ」を取り去る，b）行動の「結果」に「いいこと」を取り去る，が中心になるでしょう。このように，様々な選択肢を生徒自身にも，支援者側にも提供することで，関わりやすいと

ころから関わる，効果が出やすいアプローチから優先するという方針を確立させています。

　認知行動療法の利点を引き出すためには，生徒の気になる行動，不適応行動の記述だけではなく，適応行動，望ましい行動の記述も丁寧に行うことが必要です。不適応行動についてのみの記述では，「してはいけないこと」を伝えることはできても，「どうしたらいいのか」を伝えることがおろそかになってしまいがちです。また，「してはいけないこと」を伝えることが中心になる関わりは，ついつい叱責が多くなり，結果的に生徒との関係性も良くないものになりがちです。このような状況を避けるために，「減らしたい」問題行動の記述だけではなく，「増やしたい」適応行動も記述することが重要です。実際には「良いところ探し」をする良循環を形成するとともに，悪循環を断ち切ることとのバランスをうまくとることが重要です。適応行動について教師間で，あるいは生徒や保護者とも共有できれば，生徒のできることに焦点を当ててフィードバックすることができ，生徒や保護者との関係性も良好になると思われます。生徒が自信をなくしてしまうような状況も避けることができるでしょう。そのとき，単純に「ほめる」というよりも，生徒のどのような行動が，どのような結果につながって，よかったのか，という「プロセス」を具体的に伝えると，さらに効果的です。

5 「行動」に着目するメリット

　昨今，学校を支援するスタイルのひとつとして，「チーム学校」という言葉が用いられるようになってきました。学校内で，担任，学年団，養護教諭，スクールカウンセラーや相談員，校長先生などの管理職が一丸となって問題に対応する，ということだけではなく，外部機関である教育委員会や役所等，あるいは地域住民なども含めて，みんなで学校を支えていこうという考え方です。このような考え方には，学校に関わる人が多ければ多いほど，複数の視点で生徒を理解し，支援の方略について検討できるという利点があります。その一方で，関わる人が多ければ多いほど，生徒の情報や方針の「共有」が難しくなります。つまり，生徒の様子は共有できても，どのような支援目標を立てて，どのように実行するかを共有することが困難になります。そこで重要となるのが，生徒の情報は，「行動で理解する」ということになります。

　認知行動療法では，行動で理解する際には，行動をリスト化することが推奨されています。行動をリスト化することのメリットとして，①生徒の問題，とひとまとめにせず，問題を一つひとつ分けることで，対応の難易度を下げることができる，②対応の優先順位をつけることができる（おすすめは，すぐできそうな，比較的対応が容易な問題からアプローチし始める），③できること（適応行動）を増やすという視点ももつことができる，④いつ，どこで，誰が対応しやすいか，という対応の方針のヒントとすることができる，などが挙げられるでしょう。すべての問題を担任の先生が一人で抱え

る，ということがあまり効果をもたない場合が多いことが次第に知られるようになりましたが，それに代わる具体的な方略としてチーム学校を推進していくうえで，行動で理解することを，支援の最初の一歩として重視していくことが，これまで以上に求められています。

6 認知行動療法と特別支援教育の今後の発展

　認知行動療法も特別支援教育も，どちらも重要な考え方であり，有効性も広く報告されていますが，いずれも現段階で「必ずこうである」と完成されたものではありません。それは，良くないもの，効果がないものという意味合いではなく，これからのたくさんの可能性を秘めているもの，というように理解していただくとよいでしょう。特別支援教育におけるニーズに認知行動療法が応え，認知行動療法の様々な視点が特別支援教育を推進していく。本書が，そうした両者のよい関係がますます発展していく一助になれば，著者一同の望外の喜びです。

引用文献

加藤哲文・大石幸二（2004）特別支援教育を支える行動コンサルテーション——連携と協働を実現するためのシステムと技法．学苑社．

小関俊祐・石原廣保・池田浩之編著，佐々木和義監修（2016）認知行動療法を生かした発達障害児・者への支援——就学前から就学時，就労まで．ジアース教育新社．

高校通級指導プログラムの構成と活用のしかた

1 プログラムの構成

　本書のプログラムでは，17のプログラムを35の単元で実施するよう構成しています。文部科学省は，高等学校での通級指導の構成として，年間35週にわたって実施することを基準として定めています。本書では，それを踏まえて35単位時間のプログラムを用意しました。

　また，高等学校における通級指導プログラムを構成する上で参考にしたのが，特別支援学校高等部における自立活動の内容です。特別支援学校高等部における自立活動の指導として，文部科学省は，1．健康の保持，2．心理的な安定，3．人間関係の形成，4．環境の把握，5．身体の動き，6．コミュニケーションの6区分を示しています。特別支援学校学習指導要領によると，自立活動の目標は「個々の生徒が自立を目指し，障害による学習上又は生活上の困難を主体的に改善・克服するために必要な知識，技能，態度及び習慣を養い，もって心身の調和的発達の基盤を培う」こととされています。すなわち，個々の生徒の自立を目標として，それを達成するために必要な知識や技能を身につけることが，特別支援学校の自立活動においても，高等学校の通級指導においても，重要なポイントであるといえるでしょう。

　また，教科の補充における特別指導においても，教科指導の延長ではなく，自立活動に相当する指導の一環として実施することが適当であると，文部科学省は指針を示しています。平成26年度（2014年度）から開始された「高等学校における個々の能力・才能を伸ばす特別支援教育モデル事業」（文部科学省）では，この指針に基づいて，自立活動を中心とした実践研究が始まっています。本プログラムにおいても，いわゆる学業成績の向上のみを目標とするのではなく，高校卒業後も含めた，社会で生活する上で必要となる知識や技能を育む内容となっています。

　そのすべてのプログラムの理論的背景には，認知行動療法という，臨床心理学の理論がすえられています。認知行動療法については，前章「Ⅱ　特別支援教育における認知行動療法」にて詳しく紹介していますが，個人を取り巻く生活環境と，個人の認知（思考）や行動，身体の反応，感情などの相

互作用に着目し，様々な問題につながりうる悪循環を明らかにすることで，アプローチのターゲットを定め，良循環を作り出すものです。文部科学省が学習指導要領などで示している「自立」は，認知行動療法あるいはそれに基づく本書のプログラムにおいては「セルフコントロール」という言葉で表現しています。生徒自身が，自分で自分の行動や感情，認知をコントロールして，適応的な状態を構築したり，維持したりすることを目指すところに，特徴があるといえるでしょう。

2 プログラムの活用のしかた

　本書のプログラムは，ある程度の連続性を想定していますが，必ずしもすべてのプログラムを実施しなければならないわけではありません。対象となる生徒の特徴を考慮し，例えば本書では2コマ（2単位時間）で構成されている内容を，丁寧に3コマで実施していただいたり，あるいは要点を絞って1コマで実施していただいたりすることも可能です。

　そもそも，特別支援教育の対象は，必ずしも発達障害のある児童生徒だけではなく，通級指導の対象も，発達障害のある児童生徒に限定されるわけではありません。例えば，他の生徒や教師とのコミュニケーションに著しい困難を抱えているような不安傾向の高い生徒や，気持ちの落ち込みが顕著だったり，何に対しても無気力だったりするような生徒も，対象になる場合があるでしょう。また，発達障害と同様の特徴が認められても，必ずしも診断名がついているとはかぎらず，どこからサポートをしたらよいのか迷ってしまうこともあるかもしれません。本書は，認知行動療法に基づいたプログラムを展開することで，いわゆる「診断名」に応じた支援ではなく，生徒一人ひとりの「認知」や「行動」上の特徴に焦点を当てて支援方略を提供しています。これによって，診断の有無に左右されずに，すぐにでも実践可能なプログラムとなっています。

　また，通級指導にかぎらず，学級や学年全体を対象に実施したい，という内容もあるかもしれません。あるいは，通級指導ではないけれども，教育相談上，あるいは生徒指導上，進路指導上，活用できそうなプログラムをみつけていただけることもあると思います。その際には，例えば1つや2つのプログラムだけなど，「つまみ食い」して実施していただくこともOKです。

3 生徒の特徴に応じたプログラムの選択

　生徒に対して，1つや2つのプログラムを実施するとした場合に，生徒の抱えている課題や特徴

について理解（アセスメント）をした上で，プログラムを選択していただくと，効果的です。いいかえれば，生徒の課題やニーズと，提供したプログラムがマッチしなければ，効果は限定的になってしまいます。生徒の「つまずき」に対して，どのようなプログラムが「再び立ち上がる」手助けになるか，考えてみましょう。

「01　ちょっと先の未来図」は，課題に対する動機づけの低い生徒，目標設定がしにくい生徒，あるいは無気力傾向の生徒におすすめです。自分の生活を振り返り，整理することで，自分の失敗パターンに気づいたり，自分の得意なところや良いところに気づいたりすることにもつながります。

「02　リラックスしよう」では，リラクセーションの方法を身につけます。不安や緊張に対する対処方法を十分に身につけることができていない生徒や，ある程度不安への対処は身につけているが，あらためて確認したい，あるいは新たなレパートリーを身につけたい生徒にもおすすめです。

「03　自分の特徴を知ろう」は，特に自分の良いところに目を向けるためのプログラムです。特別支援教育や通級指導の対象となっている生徒は，一般に，他の生徒よりも叱られる経験は多く，ほめられる経験が少ない傾向にあるようです。その結果，自分に自信のない生徒が増え，重篤化すると，自暴自棄になってしまったり，無気力になってしまったり，あるいは攻撃的な態度を示したりする可能性があります。自分の良さに気づき，できること，得意なことに目を向けることは，これら「二次障害」と呼ばれる状態を解決するためにも有効です。

「04　ストレスとうまく付き合おう」では，ストレスについて正しい理解を促し，ストレスへの対処方法を身につけたり，再確認したりします。ストレスへの耐性が低い生徒や，ストレスに対する対処方法を十分に身につけていない生徒に推奨したいプログラムです。ストレスへの基礎知識として，学級全体で扱ってほしい内容のひとつでもあります。

「05　行動のメリット」は，苦手な物事にチャレンジする前にあきらめてしまったり，逃げ出してしまったりする傾向のある生徒に有効です。逃げ出せば，失敗したり，叱られたりするリスクを減らすことが可能になるかもしれません。その一方で，チャレンジすることで得られる成功体験や称賛，自信，あるいはチャレンジする過程での試行錯誤の経験や工夫することで得られる経験値など，良いことを得る機会も逃してしまいます。そのことに気づき，行動を変えるきっかけづくりとして有効です。

「06　適切な距離感」は，コミュニケーションの前段階として，対人距離を十分に理解できていない生徒に有効です。特に，対人距離が近すぎると，他の生徒からの拒否反応は強くなる傾向にあります。まずはこのプログラムで，対人距離について理解することをおすすめします。

「07　コミュニケーションのコツ【前編】」では，ソーシャルスキルの獲得や向上を目指します。ソーシャルスキルの遂行が求められる場面で，どのようにふるまえばよいかわからない「未学習」の生徒や，あまり適切ではない方法を習得してしまっている「誤学習」の生徒に有効です。また，相手に合わせてスキルを使い分けるということや，よりよいスキルを選択することを習得するというこ

と，高校生の発達段階にふさわしい方法を身につけるということにも効果があります。

「08　相談できる人・場所を見つけよう」は，困難に直面した際に，うまく他者に助けを求めることができないような生徒に有効であるといえます。自分で解決する見込みがあればよいのですが，自分ひとりで解決しようと思い込みすぎて，結果的に時間がなくなってしまったり，問題がさらに大きくなってしまったりすることも起こりえます。このような事態を避けるために，積極的な対処方法として，援助を求める方法を学ぶことが重要です。

「09　ベストのパフォーマンスをするには」では，自分の状態を振り返り，調整することが苦手な生徒に対して特に有効です。調子が悪いときになんとかしようと頑張りすぎて，かえって良くない結果につながってしまうという経験をしたことのある方もいらっしゃるのではないでしょうか。そのような状態を避けるために，自分の力を適切に発揮しやすい方法について，習得します。

「10　約束を守るためのコツ」は，時間や場所の勘違いなど，些細なミスで約束を守れないような経験の多い生徒に有効です。注意を持続させたり，情報を適切に取捨選択したりすることが苦手な生徒に効果的であるといえるでしょう。約束を守れないことは，友人関係を築きにくくさせたり，就職して仕事をしたりする上でもマイナスの評価を受けやすくなってしまいます。このような状態を予防するためにも，このプログラムを通して，自分の行動や予定の管理ができるよう，支援することも重要です。

「11　あいつが悪い!?　私はダメなやつ!?」は，あいまいな状況に対して，結果的に望ましくない結果につながってしまうような考え方（認知）をしてしまう傾向にある生徒に有効であるといえるでしょう。物事に対する「決めつけ」が過剰になってしまうと，自分を責めすぎてしまったり，逆に相手を責めて自分を顧みることができにくくなったりすることがあります。このような際に，「認知の多様性」に気づき，様々な対処の可能性を身につけておくことが，学校生活や社会における適応を促進すると考えられます。

「12　イライラしたとき，どうする!?」は，怒りのコントロール，アンガーマネジメントを扱っている項目です。怒りが喚起されやすい生徒，怒りが喚起されると激しく怒り，手がつけられなくなってしまうような生徒に習得してほしいプログラムになります。ストレスと同様，怒りをゼロにすることを目的にはしておらず，怒りとうまく付き合うことで，怒りによって生じる問題が過度に大きくならないように，対処方法を身につけます。

「13　コミュニケーションのコツ【後編】」は，「07　コミュニケーションのコツ【前編】」と同様に，ソーシャルスキルを扱う内容であり，特にアサーション（自己主張）をテーマとしています。一応の順序は設定していますが，必ずしも「13　コミュニケーションのコツ【後編】」の前に「07　コミュニケーションのコツ【前編】」を実施しなければならない，というような設定にはなっていません。生徒の様子や課題に応じて，順番を入れ替えていただいたり，あるいは「07　コミュニケーションのコツ【前編】」の直後に「13　コミュニケーションのコツ【後編】」を実施していただいたり

してもかまいません。自分の考えや気持ちを，相手に理解してもらうことをねらいとし，単に自分の気持ちを伝えればいいという考え方ではなく，結果として自分にとって利益が生じるように行動する方法について学びます。したがって，自己主張ができない生徒だけではなく，自己主張が強すぎてトラブルに発展してしまっているような生徒にもおすすめしたいプログラムです。

「**14　整理整頓でスッキリ**」は，片付けが苦手な生徒にはもちろんですが，行動の計画を立てたり，実際に行動をしながら調節したりすることが苦手な生徒にもおすすめです。「10　約束を守るためのコツ」と同様に，高校生活だけではなく，卒業後に社会に出てから，仕事上あるいは一人暮らしなど生活環境が変わったときでも，適切な行動を計画的に実行することができるようになることをサポートします。

「**15　うまくいかない行動を分析して解決**」は，いろいろな課題が出たときにどこから手をつけたらいいのかわからずにあきらめてしまったり，課題の難易度を高く見積もりすぎてしまったりするような生徒に有効でしょう。課題を細かく分析して再整理することによって，個々の手続きのハードルを下げ，また細かくフィードバックを受ける機会を確保することによって課題を達成できるようになることをねらいとします。

「**16　自分の『取り扱い説明書（トリセツ）』を作ろう**」は，自分の特徴について十分に理解できていない生徒が，自分の力を発揮しやすい場面や状況，周囲に期待するサポートなどを整理し，伝えることを促進させるプログラムです。「困っているんだけど，どうお願いしたらいいかわからない」というような状況の生徒に有効な内容です。高校生活だけではなく，卒業後も見すえつつ，取り組んでいただきたい課題です。

「**17　1年前の自分と今の自分**」は，一連のプログラムのまとめとなる要素です。1年間を振り返り，できたことを中心に，再確認していただくことで，プログラムの効果を具体的に共有することをねらいとしています。通級指導のみならず，学級全体で実施することもよいでしょう。

4　プログラムの発展的活用

本プログラムの発展的な活用方法としては，2019年（平成31年）から先行実施，2022年（令和4年）から年次進行で実施予定の新学習指導要領における「探究」の一環として用いることもよいでしょう。文部科学省の資料によれば，探究学習とは「問題解決的な活動が発展的に繰り返されていく一連の学習活動のこと」と定義されています。これによって，「日本史探究」，「古典探究」などの科目が新設されることに加え，必修である「総合的な学習の時間」が「総合的な探究の時間」と名称変更されることになっています。この「総合的な探究の時間」において，例えば自己についての探究

をテーマとしてセルフモニタリングを中心としたプログラム「03 自分の特徴を知ろう」や「09 ベストのパフォーマンスをするには」を援用することなども有効でしょう。「探究」において，「課題の設定」，「情報の収集」，「整理・分析」，「まとめ・表現」として構成されている一連の手続きは，エビデンス・ベイスド・プラクティス（実証性・証拠に基づく実践）が強調されている心理的支援の提供において重要視されている要素と大きく共通する部分があります。このような「探究」の視点から心理的支援を見直すと，これまではいわゆる結果（友だちと仲良く遊べて楽しかった，ストレスが減った，など）の評価に重きが置かれがちであった事柄に対して，手続き上の評価（対人関係スキルを身につけた，ストレスの対処法に気づいた，など）に注目するという視点を養い，対象となった生徒自身で問題解決を行うことが重要であることにシフトしたと考えられます。心理的支援の枠組みにおいては，このような高等学校における課題や制度上の変化に対して，実証性および再現性の担保された支援を提供していくことが重要であると考えられます。そのような中で，理論に裏打ちされた具体的な手続きを体系的に提供してきた支援のひとつである，認知行動療法に基づいた本プログラムは，十分に期待に応えうる内容となっていると考えています。

5 高校での通級指導が目指す「ゴール」

　生涯学習という言葉もあるように，通級指導にかぎらず，学ぶことに明確なゴールはないのかもしれません。高校卒業，あるいは1年間の通級指導の単位取得は，教師にとっても生徒にとっても，「ひと区切り」ということになるでしょうか。

　本書のプログラムで想定している「ゴール」は，高校生活のみを想定していません。むしろ，高校卒業後の，就職先や進学先での社会適応を目指してプログラムを構成しています。通級指導に取り組む前には，山のふもとで不安そうにしていた生徒が，プログラムを1つずつ経験していくことで山を登り，プログラムをいくつか経験したころがやっと3合目に到達したあたりでしょうか。そして通級指導で身につけた知識やスキルを，友人や先生，あるいは生活の中で出会う人々に実践してみて，期待した効果が得られたことに気がついて7合目あたりに達するでしょう。そして卒業してからも，通級指導での経験を相手や状況に合わせて調整しつつ活用し，社会適応を生徒が実感できて，やっと登頂成功になると考えています。しかしながら，山登りの目的は，単に山頂にたどり着くだけではないでしょう。道中に寄り道してみたり，休憩してみたりするなかで，新たな発見をし，つらいときにもあきらめず，一歩一歩進んでいくそのプロセスも，十分に楽しんでいただければと思います。その道中のマイルストーンになるのが，各プログラムや単元になっています。

　実際には，生徒が高校生活で経験している日常も，高校卒業後に経験するであろう日常も，一人ひ

とりまったく別物であると考えられます。したがって，プログラムの内容も，生徒の日常にすべて当
てはまるとはいえないでしょう。しかしながら，プログラムのエッセンスは，どの生徒も経験したこ
とのある，あるいはこれから経験しうるものが多く盛り込まれています。もしも，複数年にわたって
通級指導の機会が確保できるようであれば，１年目は本書のプログラムの内容に沿って基礎的なスキ
ルを確認したり習得したりすることに重きを置き，２年目は内容の復習をしつつ，生徒の日常生
活に照らし合わせながらオーダーメイドするイメージで取り組んでいただくと，定着度がさらに高ま
ることが期待できます。

　本書のプログラムは，登山同様，安全安心に進めていただけるよう，考慮して構成しています。ぜ
ひ，生徒と一緒に先生方も，ご自身の話をしてみたり，相手の経験に質問してみたり，楽しみながら
取り組んでいただけたら幸いです。

高校通級指導プログラム

プログラムの使い方

　各プログラムは，指導案様式で作成されています。それぞれの課題に対し，生徒が自分で考えて，自分なりの答えにたどりつくことを促せるよう，指導のポイントや留意点，支援方略が整理されています。生徒に配布するワークシートは書籍ホームページよりダウンロードしてご使用ください。

プログラム	回	単元名
01	1	ちょっと先の未来図①
	2	ちょっと先の未来図②
02	3	リラックスしよう
03	4	自分の特徴を知ろう①
	5	自分の特徴を知ろう②
04	6	ストレスとうまく付き合おう①
	7	ストレスとうまく付き合おう②
05	8	行動のメリット①
	9	行動のメリット②
06	10	適切な距離感
07	11	コミュニケーションのコツ①
	12	コミュニケーションのコツ②
	13	コミュニケーションのコツ③
	14	コミュニケーションのコツ④
08	15	相談できる人・場所を見つけよう①
	16	相談できる人・場所を見つけよう②
09	17	ベストのパフォーマンスをするには①
	18	ベストのパフォーマンスをするには②

プログラム	回	単元名
10	19	約束を守るためのコツ①
	20	約束を守るためのコツ②
11	21	あいつが悪い!?　私はダメなやつ!?①
	22	あいつが悪い!?　私はダメなやつ!?②
12	23	イライラしたとき，どうする!?①
	24	イライラしたとき，どうする!?②
13	25	コミュニケーションのコツ⑤
	26	コミュニケーションのコツ⑥
14	27	整理整頓でスッキリ①
	28	整理整頓でスッキリ②
15	29	うまくいかない行動を分析して解決①
	30	うまくいかない行動を分析して解決②
	31	うまくいかない行動を分析して解決③
16	32	自分の「取り扱い説明書（トリセツ）」を作ろう①
	33	自分の「取り扱い説明書（トリセツ）」を作ろう②
	34	自分の「取り扱い説明書（トリセツ）」を作ろう③
17	35	1年前の自分と今の自分

●プログラムが35単元
　の何回目に相当するか
　を示しています。

●プログラムで使用する
　認知行動療法の技法・
　アプローチを示してい
　ます。

●プログラムの概要とね
　らい，実施に際しての
　ポイントを解説してい
　ます。

●「A．指導目標」「B．
　指導計画」「C．評価
　の観点」「D．本時の
　指導」は指導案作成に
　ご活用いただけます。

●文部科学省が示した「自立活動の内容
　6 区分27項目」のうち，プログラム
　に該当する区分と項目を表しています
　（項目は番号で表示しています：下図参照）。

●プログラムで用いる認
　知行動療法の技法・ア
　プローチについて解説
　しています。

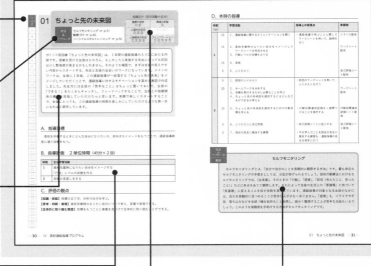

●自立活動の内容　6 区分27項目●

1. 健康の保持	①生活のリズムや生活習慣の形成に関すること	4. 環境の把握	①保有する感覚の活用に関すること
	②病気の状態の理解と生活管理に関すること		②感覚や認知の特性についての理解と対応に関すること
	③身体各部の状態の理解と養護に関すること		③感覚の補助及び代行手段の活用に関すること
	④障害の特性の理解と生活環境の調整に関すること		④感覚を総合的に活用した周囲の状況についての把握と状況に応じた行動に関すること
	⑤健康状態の維持・改善に関すること		⑤認知や行動の手掛かりとなる概念の形成に関すること
2. 心理的な安定	①情緒の安定に関すること	5. 身体の動き	①姿勢と運動・動作の基本的技能に関すること
	②状況の理解と変化への対応に関すること		②姿勢保持と運動・動作の補助的手段の活用に関すること
	③障害による学習上又は生活上の困難を改善・克服する意欲に関すること		③日常生活に必要な基本動作に関すること
3. 人間関係の形成	①他者とのかかわりの基礎に関すること		④身体の移動能力に関すること
	②他者の意図や感情の理解に関すること		⑤作業に必要な動作と円滑な遂行に関すること
	③自己の理解と行動の調整に関すること	6. コミュニケーション	①コミュニケーションの基礎的能力に関すること
	④集団への参加の基礎に関すること		②言語の受容と表出に関すること
			③言語の形成と活用に関すること
			④コミュニケーション手段の選択と活用に関すること
			⑤状況に応じたコミュニケーションに関すること

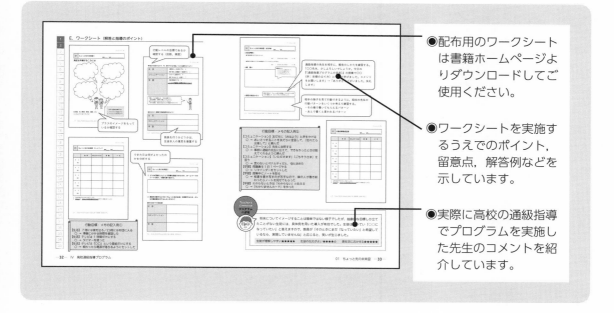

◉配布用のワークシートは書籍ホームページよりダウンロードしてご使用ください。

◉ワークシートを実施するうえでのポイント，留意点，解答例などを示しています。

◉実際に高校の通級指導でプログラムを実施した先生のコメントを紹介しています。

| 自立活動の視点に基づく高校通級指導プログラム | 検索 |

検索して金子書房の書籍ホームページ内ダウンロード用バナーをクリック！

ワークシートのダウンロードおよび使用に関して

　各プログラムで生徒に配布するワークシートは，金子書房ホームページ『自立活動の視点に基づく　高校通級指導プログラム』の書籍ページよりダウンロードしてご使用ください。書影の下のダウンロード用バナーをクリックして，以下のユーザー名とパスワードをご入力ください。

〔　ユーザー名：SUPPORTprogram　／　パスワード：G4rv8LfD　〕

【注　意】

1．本サービスは，本書をご購入いただいた方のみご利用いただけます。上記のユーザー名およびパスワードは，第三者に知らせたり，メールなどで送信したりしないようお願い申しあげます。
2．すべてのファイルには著作権があります。ご使用は，個人的な場面，学校の授業などに限定し，公開の場での利用や，参加費などを徴収する有料の集会などでのご使用はお控えください。
3．無断転載・改変は禁止いたします。
4．ファイルはご使用になる方の責任でお使いください。著者および出版社は，本サービスの利用による結果に関して，一切責任を負わないものとします。
5．本サービスの内容は予告なく変更になる場合があります。あらかじめご了承ください。

01 ちょっと先の未来図

健康の保持 ① ⑤	環境の把握 ⑤
心理的な安定 ① ② ③	身体の動き
人間関係の形成 ① ② ③ ④	コミュニケーション ① ② ③ ④ ⑤

技法 & アプローチ	セルフモニタリング ☞ p.31
	動機づけ ☞ p.46
	ソーシャルスキルトレーニング ☞ p.56

ポイント解説●「ちょっと先の未来図」は，1年間の通級指導の入り口にあたる内容です。授業を受ける生徒はもちろん，もしかしたら実施する先生にとっても初回は少し緊張感が高まるかもしれません。そのような場面で，まずは生徒の答えやすい内容からスタートする，先生と生徒の出会いのワークになっています。メインのワークは，生徒に1年後，この通級指導が一段落する「ちょっと先の未来」をイメージしていただくことで，通級指導に対するモチベーションを高める意図で作成しました。先生方には生徒の「苦手なこと」はちょっと置いておいて，生徒の「できる！」をたくさんキャッチし，フィードバックすることで，生徒との信頼関係の構築を目指していただけたらと思います。笑顔で楽しくスタートすることで，生徒にとっても，この通級指導の時間を楽しみにしていただけるような第一歩になればと期待しています。

A. 指導目標

高校を卒業するときにどんな自分になりたいか，前向きなイメージをもつことで，通級指導教室に通う目標をもつ。

B. 指導計画　2単位時間（45分×2回）

時数	主な学習活動
1	高校卒業時になりたい自分をイメージする 「行動」レベルの目標を作る
2	目標の見直しをする

C. 評価の観点

【知識・技能】目標の立て方，分析の仕方を学ぶ。

【思考・判断・表現】高校卒業時のなりたい自分について考え，言葉で表現できる。

【主体的に取り組む態度】目標をもつことに意義を見つけて主体的に取り組むことができる。

D. 本時の指導

時配 (分)		学習活動	指導上の留意点	準備物
1	10	1．通級指導に関するオリエンテーションを聞く	・通級指導で学ぶことに関してワークシートを用いて，説明を行う	シラバス配布
	15	2．高校卒業時のなりたい自分をイメージしてワークシートを完成させる 3．行動レベルの目標を立てる		ワークシート配布
	15	4．発表		
	5	5．ふりかえり		自己評価シート配布
2	5	1．前回のふりかえり	・前回のワークシートを用いて，ふりかえりを行う	
	20	2．ホームワークを分析する 3．目標を実行するために必要なことを学ぶ 4．ちょっと先の未来図を達成するにはどんな工夫ができるか考える		ワークシート配布
	10	5．ちょっと先の未来図を達成するための行動目標を考える	・行動目標達成記録を1週間つけることを指示する	行動目標達成記録シート配布
	5	6．ふりかえりと自己評価	・自己評価シートに記入する	自己評価シート配布
	5	7．担任の先生に報告する練習	・今日学んだことを担任の先生に報告する練習を，通級指導の先生を相手に行う	

セルフモニタリング

　セルフモニタリングとは，「自分で自分のことを客観的に観察する方法」です。最も身近なセルフモニタリングの手続きとしては，日記が挙げられるでしょう。認知行動療法におけるセルフモニタリングでは，「出来事」，そのときの「行動」，「感情」，「認知（考えたこと，思ったこと）」などに焦点をあてて観察します。それによって自身の生活上の「悪循環」に気づいて「良循環」に変えることを促す役割を果たしています。通級指導の対象となる生徒のなかには，自分を客観的に見つめることが苦手な人が少なくありません。「感情」も，イライラや不安，落ち込みなどを全部「嫌な気持ち」と表現し，細かく整理することが苦手な生徒もいるでしょう。このような客観視を手助けする方法がセルフモニタリングです。

E. ワークシート（解答と指導のポイント）

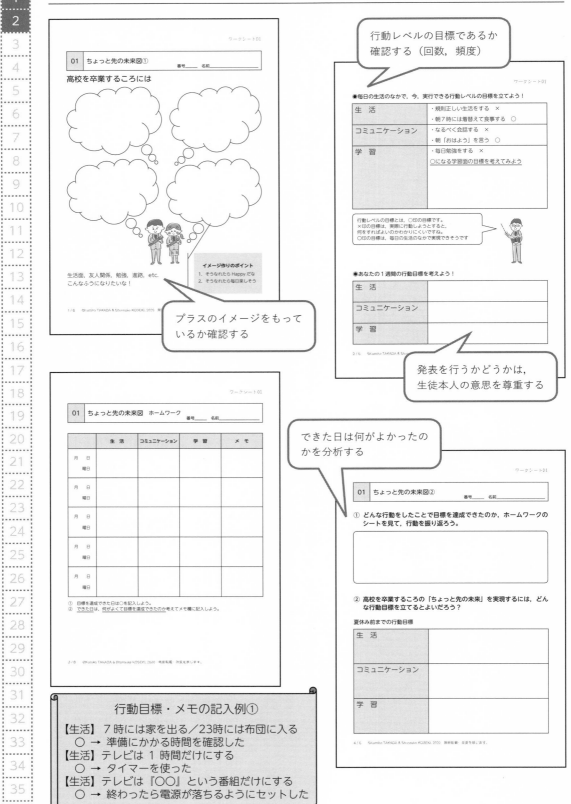

ワークシート01

01 ちょっと先の未来図①
番号＿＿＿ 名前＿＿＿＿＿＿＿＿

高校を卒業するころには

生活面、友人関係、勉強、進路、etc.
こんなふうになりたいな！

イメージ作りのポイント
1. そうなれたら Happy だな
2. そうなれたら毎日楽しそう

1 / 6　©Kumiko TAKADA & Shunsuke KOSEKI 2020

> プラスのイメージをもって
> いるか確認する

> 行動レベルの目標であるか
> 確認する（回数，頻度）

ワークシート01

◆毎日の生活のなかで，今，実行できる行動レベルの目標を立てよう！

生活	・規則正しい生活をする　× ・朝7時には着替えて食事する　○
コミュニケーション	・なるべく会話する　× ・朝「おはよう」を言う　○
学習	・毎日勉強をする　× <u>○になる学習面の目標を考えてみよう</u>

行動レベルの目標とは，○印の目標です。
×印の目標は，実際に行動しようとすると，
何をすればよいのかわかりにくいですね。
○印の目標は，毎日の生活のなかで実現できそうです

◆あなたの1週間の行動目標を考えよう！

生活	
コミュニケーション	
学習	

2 / 6　©Kumiko TAKADA & Sh

> 発表を行うかどうかは，
> 生徒本人の意思を尊重する

ワークシート01

01 ちょっと先の未来図　ホームワーク
番号＿＿＿ 名前＿＿＿＿＿＿

	生活	コミュニケーション	学習	メモ
月　日 曜日				
月　日 曜日				
月　日 曜日				
月　日 曜日				
月　日 曜日				

① 目標を達成できた日は○を記入しよう。
② <u>できた日は，何がよくて目標を達成できたのか考えてメモ欄に記入しよう。</u>

3 / 6　©Kumiko TAKADA & Shunsuke KOSEKI 2020　無断転載・改変を禁じます。

> できた日は何がよかったの
> かを分析する

ワークシート01

01 ちょっと先の未来図②
番号＿＿＿ 名前＿＿＿＿＿＿＿＿

① どんな行動をしたことで目標を達成できたのか，ホームワークの
シートを見て，行動を振り返ろう。

② 高校を卒業するころの「ちょっと先の未来」を実現するには，どん
な行動目標を立てるとよいだろう？

夏休み前までの行動目標

生活	
コミュニケーション	
学習	

4 / 6　©Kumiko TAKADA & Shunsuke KOSEKI 2020　無断転載・改変を禁じます。

行動目標・メモの記入例①

【生活】7時には家を出る／23時には布団に入る
　　　○ → 準備にかかる時間を確認した
【生活】テレビは1時間だけにする
　　　○ → タイマーを使った
【生活】テレビは『○○』という番組だけにする
　　　○ → 終わったら電源が落ちるようにセットした

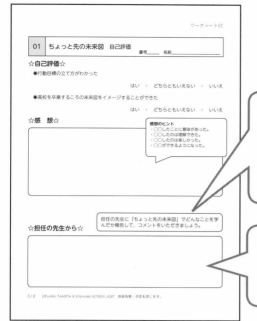

通級指導の先生を相手に，報告のしかたを練習する。「〇〇先生，少しよろしいでしょうか。今日の『（通級指導プログラムの名前）』の授業で〇〇（例：目標の立て方）について学びました。コメントをお願いします」→「ありがとうございました。失礼します」

相手の様子を見て行動できるように，担任の先生の行動パターンをいくつか考えて練習する。
・その場で書いてもらえるパターン
・あとで書くと言われるパターン

行動目標・メモの記入例②

【コミュニケーション】友だちに「おはよう」と声をかける
　〇 → あいさつすることを友だちに宣言して，「忘れたら注意して」と頼んだ
【コミュニケーション】先生に会釈する
　〇 → 事前に通級の先生に伝えて，できなかったときは教えてくれるように頼んだ
【コミュニケーション】「いただきます」「ごちそうさま」を言う
　〇 → 言わないとペナルティだと，母と決めた
【学習】問題集を1日1ページやる
　〇 → リマインダーをセットした
【学習】授業中にノートを取る
　〇 → 板書を書き写すのが苦手なので，隣の人が書き終わったらノートを見せてもらった
【学習】わからないときは「わからない」と伝える
　〇 → 「わかりませんカード」を作った

Teacher's Comments プログラムの感想

　将来についてイメージすることは簡単ではない様子でしたが，抽象的な目標しか立てたことがない生徒には，具体例を用いた導入が有効でした。生徒はたいてい「〇〇になっていたい」と答えますので，教員が「そのときにまだ『なっていたい』と希望しているなら，実現していませんね」と応じると，笑いが生じました。

生徒が理解しやすい★★★★★　　　生徒の反応がよい★★★★☆　　　実生活に活かせる★★★★★

02 リラックスしよう

技法 & アプローチ	漸進的筋弛緩法 ☞ p.35 呼吸法 ☞ p.37 セルフコントロール ☞ p.39

健康の保持 ① ⑤	環境の把握
心理的な安定 ① ②	身体の動き ①
人間関係の形成 ③	コミュニケーション

ポイント解説●「リラックスしよう」では，「リラクセーション」の方法について紹介しています。リラクセーションを早い段階で紹介しているのは，このあとの授業の開始時や終了時の数分間を用いてリラクセーションに取り組み，緊張を解きほぐして授業に臨んでいただきたいという意図があります。リラクセーションの具体的な方法は様々ありますが，自分に合ったリラクセーションの方法を身につけることで，部活や試験，対人関係など，緊張しやすい場面においても，自分本来の力が出せるようになると期待しています。ただし，最初から緊張度の高い場面で練習してもあまり効果が期待できません。一人で落ち着いているときや，夜寝る前に練習することでリラクセーションの方法を習得しやすくなるでしょう。

A. 指導目標

緊張状態や興奮状態を，自ら緩和できるようになる。

B. 指導計画　1単位時間（45分×1回）

時数	主な学習活動
1	リラックスする方法を知り，リラックスの効果を知る

C. 評価の観点

【知識・技能】 リラクセーションの技法を学び，その効果を知る。

【思考・判断・表現】 リラックスすることにどのような意味があるのか考えることができる。

【主体的に取り組む態度】 リラクセーションの意義を見つけて主体的に取り組むことができる。

D．本時の指導

時配 （分）		学習活動	指導上の留意点	準備物
1	10	1．脈拍を測る	・リラックス前の脈拍を測り，リラクセーションの前後で変化があることを確認	ワークシート配布
		2．呼吸法をやってみる	・ストレス緊張状態では，浅くて速い呼吸になり，リラックス状態では，深くてゆったりとした呼吸になることを実感させる	
		3．漸進的筋弛緩法をやってみる	・ストレス緊張状態では，身体に力が入っていること，リラックス状態では，身体の力が抜けることを実感させる	
	10	4．リラックスしているときの体の状態を知る	・心と身体はつながっていることを学ぶ	
	20	5．自分なりのリラクセーション法に気がつく	・個人それぞれのリラクセーション法があることを確認する	
		6．リラクセーションがどのようなときに役立つか考える	・パニック時，イライラするとき，寝る前など	
	5	7．ふりかえり，自己評価	・自己評価シートに記入する	自己評価シート配布

技法
＆
アプローチ

解説

漸進的筋弛緩法

　漸進的筋弛緩法（ぜんしんてききんしかんほう）とは，徐々に（漸進的）筋肉を（筋）ゆるめる方法（弛緩法）です。誰にでも習得しやすく，手軽にストレス反応を軽減できるリラクセーション法のひとつであるといわれています。私たちは，普段生活しているなかで，たくさんのストレスにさらされています。そのようなとき，意図せずに筋肉が緊張していることがあります。漸進的筋弛緩法では，意図的に最初に筋肉に力を入れて緊張状態を作り出し，その後，ゆるめることを繰り返すことで，身体をリラックスさせていきます。ワークシート02で「ミニ漸進的筋弛緩法」のやり方を紹介しています。漸進的筋弛緩法のコツは，力を入れているときと抜いたときの，その部分の感覚をじっくり味わうことです。力を抜いたときに温かくなる感じ，眠りやすくなる感じなどを感じることができるでしょう。

E. ワークシート（解答と指導のポイント）

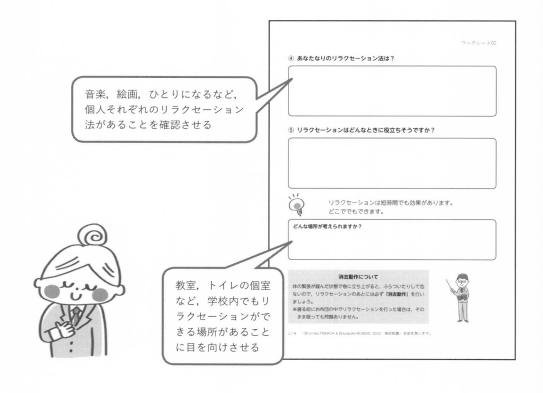

ワークシート02

| 02 | リラックスしよう | 番号＿＿＿ 名前＿＿＿ |

① 授業開始時の脈拍は？　脈拍数　30秒間で　　　　回

② リラクセーション実施後の脈拍は？　脈拍数　30秒間で　　　　回

③ リラックスしているときの身体の状態は？

姿勢は（　　　　　　　　　　　　　　）
筋肉は（　　　　　　　　　　　　　　）
話し方は（　　　　　　　　　　　　　）
動きは（　　　　　　　　　　　　　　）
気持ちは（　　　　　　　　　　　　　）

気持ちのヒント
・落ち着いている　・ほっとした
・ゆっくりとした　・安全な
・平和な　・快適な　・静かな
・ゆったりとした　・気持ちがよい
・気楽な　・和やかな　・穏やかな

身体と心はつながっていて
身体がリラックスすると、心もリラックスします。
反対に、心がリラックスすると、身体もリラックスします。

1／4　©Fumiko TAKADA & Shunsuke KOSEKI 2020　無断転載・改変を禁じます。

> リラクセーションを実施する前と実施した後の脈拍を比較することで、脈拍に変化があることを実感させる

> **1．呼吸法をやってみる**
> ストレス緊張状態では、浅くて速い呼吸になり、リラックス状態では、深くてゆったりとした呼吸になることを実感させる。
>
> **2．漸進的筋弛緩法をやってみる**
> ストレス緊張状態では、身体に力が入っていること、リラックス状態では、身体の力が抜けることを実感させる。

ワークシート02

④ あなたなりのリラクセーション法は？

⑤ リラクセーションはどんなときに役立ちそうですか？

リラクセーションは短時間でも効果があります。
どこでもできます。

どんな場所が考えられますか？

消去動作について
体の緊張が緩んだ状態で急に立ち上がると、ふらついたりして危ないので、リラクセーションのあとには必ず「消去動作」を行いましょう。
※寝る前にお布団の中でリラクセーションを行った場合は、そのまま眠っても問題ありません。

2／4　©Fumiko TAKADA & Shunsuke KOSEKI 2020　無断転載・改変を禁じます。

> 音楽、絵画、ひとりになるなど、個人それぞれのリラクセーション法があることを確認させる

> 教室、トイレの個室など、学校内でもリラクセーションができる場所があることに目を向けさせる

02　リラックスしよう　自己評価　　番号＿＿＿　名前＿＿＿＿＿＿＿＿

☆自己評価☆

●リラクセーション法のやり方がわかった

はい ・ どちらともいえない ・ いいえ

●リラクセーションの大切さがわかった

はい ・ どちらともいえない ・ いいえ

☆感　想☆

感想のヒント
・○○したことに興味があった。
・○○したのは理解できた。
・○○したのは楽しかった。
・○○ができるようになった。

☆担任の先生から☆

担任の先生に「リラックスしよう」でどんなことを学んだか報告して、コメントをいただきましょう。

02　リラックスしよう　資料　　番号＿＿＿　名前＿＿＿＿＿＿＿＿

① 腹式呼吸法

1. 背もたれに背中をつけて椅子に座る（自宅などでできるときは、あお向けに寝転ぶ）。
2. お腹に両手のひらを当てる。
3. ゆっくりと口から息を吐く。体の中の空気をすべて外に出すつもりで、ゆっくり吐こう。このとき、お腹が徐々に引っ込むように気をつける。
4. 息を吐き切ったら、口を閉じて、鼻から深く息を吸う（舌を上あごにつけるようにするとよい。このとき、下腹が膨らむように気をつける）。
5. 再び口から息を吐く。吸った時間よりも2倍長く、ゆっくりと吐く。
6. この呼吸を5回以上繰り返す（息を吐く時間が吸う時間の2倍くらいの長さになるように）。

② ミニ漸進的筋弛緩法

1. 両手／両腕を伸ばし、手のひらを上にして、親指を曲げて強く握る。5秒間力を入れ緊張させる。手をゆっくり広げ、膝の上において、10秒間力を抜く。筋肉が緩んだ状態を感じよう。
2. 上腕／握った握りこぶしを肩に近づけ、曲った上腕全体に力を入れ5秒間緊張させ、その後、10秒間力を抜く。
3. 肩／両肩を上げ、首をすぼめるように肩に力を入れて5秒間緊張させ、その後、10秒間力を抜く。
4. 足／爪先まで足を伸ばし、足の下側の筋肉を緊張させる。
5. 全身／1～4までの全身の筋肉を一度に10秒間緊張させる。力をゆっくりと抜き、15～20秒間力を抜く。

ポイント　5秒間力を入れて緊張後、10秒間力を抜く

消去動作：リラックスした後はふらついたりするので消去動作を行う。
① 両手を握って開く、を5回繰り返す。
② 両手を天井に向かって伸ばす。
③ 足首を回す。

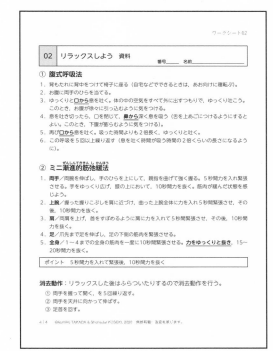

技法
＆
アプローチ
解説

呼吸法

　　手軽に実施しやすいリラクセーション法のひとつに、呼吸法があります。私たちはストレスにさらされると、心拍数が上がったり筋肉に力が入ったりします。それと同時に、呼吸は早く、浅くなります。それに対して、呼吸を整えることで、リラックス状態をつくり、心理的ストレスを軽減することが、呼吸法のねらいです。一般的な方法としては、短く息を吸い、続けてゆっくりと息を吐き出します。息を吸うときには、緊張と関連する交感神経系が優位になり、吐き出すときにはリラックス状態と関連のある副交感神経系が優位になります。ストレス状態にある子は、身体の力が入り、緊張状態にある子も少なくありません。呼吸法を身につけて、息を吸ったり吐いたりして緊張とリラックス状態をくり返すことで、リラックス状態がもたらされます。

Teacher's
Comments
プログラム
の感想

　　自分の心や身体の様子に注意を向けることが容易な生徒にとっては、よい体験になったようです。この授業は、自己理解できる程度や自分の問題に向き合えるかどうかのアセスメントにもなりました。

生徒が理解しやすい★★★★☆　　生徒の反応がよい★★★★☆　　実生活に活かせる★★★★★

03 自分の特徴を知ろう

技法 & アプローチ	セルフモニタリング ☞ p.31 動機づけ ☞ p.46

指導区分（自立活動6区分）

健康の保持 ④	環境の把握
心理的な安定 ① ③	身体の動き
人間関係の形成 ③	コミュニケーション ③

ポイント解説● 自分の特徴を知ることの最も重要なポイントは「自分ができること，得意なこと」に自分自身で気づくことです。通級指導の対象となる生徒には，比較的ほめられる機会が少なく，「自分はどうせダメだ」と思ってしまいがちです。しかしながら，「すべてのこと」が完璧にできる人間は一人もいません。誰しもが必ず「できないこと」，「苦手なこと」をもっているはずです。そのような「できないこと」に目を向けすぎずに，「できて当たり前」も含む「できること」に着目することが，これからのプログラムに取り組むための自信を養うことにつながると考えます。

A. 指導目標

自分の長所，好きなこと，得意なことなどを探し，自分自身に肯定的なイメージをもつ。

B. 指導計画　2単位時間（45分×2回）

時数	主な学習活動
1	認知（考え方）によって気持ちが変わることを学ぶ
2	自分を肯定的に捉える

C. 評価の観点

【知識・技能】 認知（考え方）によって感情（気持ち）が変わることを学ぶ。

【思考・判断・表現】 自分の特徴について考え，文章にすることができる。

【主体的に取り組む態度】 自分を肯定的に捉えることの意義を学び，主体的に取り組むことができる。

D． 本時の指導

時配 （分）		学習活動	指導上の留意点	準備物
1	10	1．リラクセーション法の復習	・呼吸法，漸進的筋弛緩法	ワークシート 配布
	25	2．ワークシートの空欄を埋めながら自分を肯定的に捉える意義を学ぶ	・ワークシートと同じように板書しながら空欄を埋める。書き込む欄がわかるようにアルファベットで指示する	
	5	3．まとめ，ふりかえり	・自分を肯定的に捉えることの意義をまとめる	
	5	4．ホームワークの説明	・ホームワークの説明をする	ホームワーク 配布
2	15	1．リラクセーション法の復習 2．ホームワークを確認する	・呼吸法，漸進的筋弛緩法 ・ホームワークを用いて，ふりかえりを行う	
	20	3．自分の好きなもの，自分の長所をワークシートに書き込む	・書き込めない場合，ヒントを参考にしてアドバイスする	ワークシート 配布
	5	4．発表	・自分が発表してもよい部分について発表する	
	5	5．ふりかえりと自己評価	・自分自身を肯定的に捉える意義を確認する ・自己評価シートに記入する	自己評価シート配布

セルフコントロール

　セルフコントロールとは，「ある環境や状況，場面において，自分で自分のことをコントロールすること」です。身近な場面を例にすると，「やりたくなくても決められた時間は，椅子に座って授業を受ける」「やりたくなくても決められた課題はする（学校活動面）」「苦手な人といるときでも，うまくかかわろうとする（対人面）」「学校にゲームやお菓子を持ってきたくても，持ってこない（校則・抑制）」「夜12時までには寝る（家庭場面）」「ゲームは1日に○時間までにする（時間管理）」などが挙げられます。うまくセルフコントロールができないために，やってはいけないとわかっていることもやめられない人はたくさんいます。そのような生徒に有効なのが，適切なセルフコントロールです。方法としては，問題への自己理解やセルフモニタリングする力を促すことや，リラクセーション，睡眠記録シートの利用，行動の抑制のスキル（例：深呼吸をしてみる，その場で10秒数えてみるなど）を身につけることです。そして，セルフコントロールは支援の最終目標になります。先生や周囲の人たちが，いつまでも一人の生徒をサポートしたり，教え続けたりすることはできません。生徒が自分で自分のことをコントロールすることができるようになれば，教えたり支援したりできなくても，自分で対処方法を考え，実行し，調整したり修正したりすることができるようになります。

E. ワークシート（解答と指導のポイント）

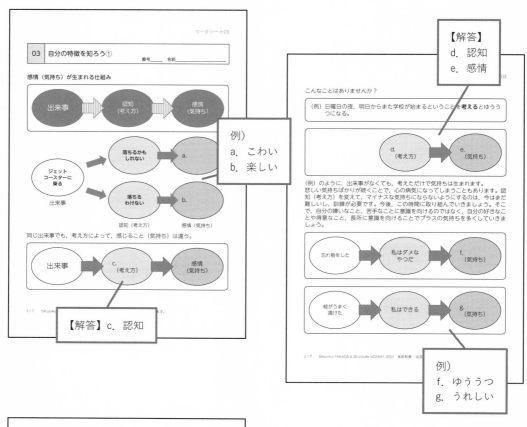

ワークシート03

| 03 | 自分の特徴を知ろう① | 番号＿＿＿ 名前＿＿＿＿＿ |

感情（気持ち）が生まれる仕組み

出来事 → 認知（考え方）→ 感情（気持ち）

ジェットコースターに乗る（出来事）
→ 落ちるかもしれない → a.（感情）
→ 落ちるわけない → b.（感情）

認知（考え方）　感情（気持ち）

同じ出来事でも、考え方によって、感じること（気持ち）は違う。

出来事 → c.（考え方）→ 感情（気持ち）

例）
a. こわい
b. 楽しい

【解答】c. 認知

【解答】
d. 認知
e. 感情

こんなことはありませんか？

（例）日曜日の夜、明日からまた学校が始まるということを考えるとゆううつになる。

d.（考え方）→ e.（気持ち）

（例）のように、出来事がなくても、考えただけで気持ちは生まれます。悲しい気持ちばかりが続くことで、心の病気になってしまうこともあります。認知（考え方）を変えて、マイナスな気持ちにならないようにするのは、今はまだ難しいし、訓練が必要です。今後、この時間に取り組んでいきましょう。そこで、自分の嫌いなこと、苦手なことに意識を向けるのではなく、自分の好きなことや得意なこと、長所に意識を向けることでプラスの気持ちを多くしていきましょう。

忘れ物をした → 私はダメなやつだ → f.（気持ち）

絵がうまく描けた → 私はできる → g.（気持ち）

例）
f. ゆううつ
g. うれしい

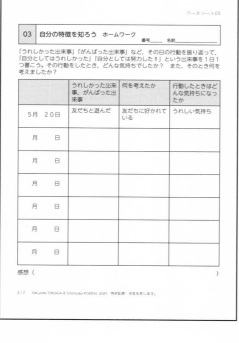

ワークシート03

| 03 | 自分の特徴を知ろう　ホームワーク | 番号＿＿＿ 名前＿＿＿＿＿ |

「うれしかった出来事」「がんばった出来事」など、その日の行動を振り返って、「自分としてはうれしかった」「自分としては努力した！」という出来事を1日1つ書こう。その行動をしたとき、どんな気持ちでしたか？　また、そのとき何を考えましたか？

	うれしかった出来事、がんばった出来事	何を考えたか	行動したときはどんな気持ちになったか
5月 20日	友だちと遊んだ	友だちに好かれている	うれしい気持ち
月　日			
月　日			
月　日			
月　日			
月　日			

感想（　　　　　　　　　　　　　　　　　　　　）

ワークシート03

| 03 | 自分の特徴を知ろう② | 番号＿＿＿ 名前＿＿＿＿＿ |

A. 私の好きなもの

食べ物

お気に入りの場所

テレビ番組

音楽

その他

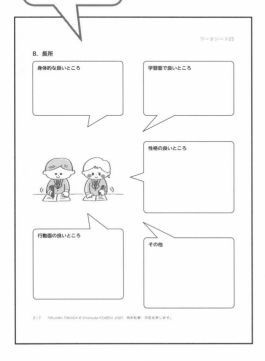

短所を裏返すと長所になる考え方のコツを提示する

自分の長所を書き込めない生徒がいたら，ヒントを参考にしてアドバイスする

B. 長所

身体的な良いところ

学習面で良いところ

性格の良いところ

行動面の良いところ

その他

長所をみつけるヒント

■国語　■音楽　■体育　■社会　■理科　■英語　■数学　■部活動
■健康　■正直　■敏感　■丁寧　■笑顔　■慎重　■陽気
■明るい　■優しい　■情熱的　■力持ち　■几帳面　■真面目　■前向き
■夢がある　■運動が得意　■声が大きい　■声がよく通る　■マイペース
■じっくり考える　■集中力がある　■好奇心がある　■落ち込まない
■足が速い　■平和主義　■字がきれい　■おしゃれ　■おおらか
■思いやりがある　■想像することが得意　■○○を組み立てるのが得意
■○○にくわしい　■○○を作ることができる
■がまん強い　■時間を守る　■ルールを守る　■誰にでも話しかけられる
■行動力がある　■嘘をつかない　■サバサバしている　■秘密を守る
■人なつっこい　■堂々としている　■人前で話すのが得意　■約束を守る
■早起き　■好き嫌いが少ない　■忘れ物をしない
■電車やバスで席を譲る　■ゴミが落ちていたら自分のではなくても拾う
■きれい好き　■困っている人がいたら声をかける　■こだわりがある
■自分の長所を知っている　■ユーモアがある　■よく笑う
■よく食べる　■わからないことは聞く　■よく発表する

03　自分の特徴を知ろう　自己評価　　番号＿＿＿　名前＿＿＿＿＿＿＿

☆自己評価☆
●自分の特徴を肯定的に捉える理由がわかった
はい　・　どちらともいえない　・　いいえ

●自分の特徴を肯定的に捉えられた
はい　・　どちらともいえない　・　いいえ

☆感　想☆

感想のヒント
・○○したことに意味があった。
・○○したのは理解できた。
・○○したのは楽しかった。
・○○ができるようになった。

☆担任の先生から☆

担任の先生に「自分の特徴を知ろう」でどんなことを学んだか報告して，コメントをいただきましょう。

Teacher's Comments
プログラムの感想

　生徒の様々な背景に鑑みて，感情の扱いは慎重に行いました。自分の長所を取り上げることで安全に進められました。また，生徒は認知と感情を分化しないまま表現しますので，生徒の発言を整理すると理解が深まるように思いました。

生徒が理解しやすい★★★☆　　生徒の反応がよい★★★☆☆　　実生活に活かせる★★★★☆

04 ストレスとうまく付き合おう

技法 & アプローチ	ストレスマネジメント ☞ p.43

指導区分（自立活動6区分）

健康の保持 5	環境の把握
心理的な安定 1	身体の動き
人間関係の形成 3	コミュニケーション 5

ポイント解説● ストレスは誰しもが感じうるものであり，ストレスを抱えること自体は悪いものではありません。むしろ，適度なストレスは自分の力を十分に発揮する助けとなることもあります。しかしながら，強すぎるストレスは，やる気をそいだり，様々な心理的問題につながったりすることも知られています。そのような強すぎるストレスとうまく付き合う方法を身につけることで，勉強，部活，対人関係などの様々な「ストレスの素」へ対処していくことを，このプログラムのねらいとしています。ここで扱う内容は，学校生活だけではなく，社会に出たあとにも活用可能なものであると考えることができます。

A. 指導目標

ストレスに関する正しい知識を学び，自分に適した対処法を考える。

B. 指導計画　2単位時間（45分×2回）

時数	主な学習活動
1	ストレスに関する知識と自分のストレスに関する特徴について
2	自分に適したストレスコーピングについて

C. 評価の観点

【知識・技能】ストレッサー，ストレス反応，ストレス反応が起こる仕組みについて学ぶことができる。

【思考・判断・表現】自分に適したストレスコーピングについて考えることができる。

【主体的に取り組む態度】ストレスマネジメントを行う意義を学び，主体的に取り組むことができる。

D．本時の指導

時配 （分）		学習活動	指導上の留意点	準備物
1	10	1．ストレス，ストレッサー，ストレス反応について ワークシートの空欄を埋めながら学ぶ	・板書の際には，ワークシートと同じように板書しながら空欄を埋める	ワークシート配布
	20	2．自分にとってのストレッサーやストレス反応について理解する	・ストレッサーになること，ストレス反応は人によって違うことを確認する	
	10	3．ストレスについての学びを深める		
	5	4．まとめ，ふりかえり		
2	5	1．前回の復習	・ストレッサー，ストレス反応など用語や学んだことを確認	
	20	2．ストレス反応までのメカニズムについてワークシートを用いて学ぶ	・ワークシートのどこに書き込めばよいのか指示する	ワークシート配布
	10	3．様々なコーピングについて学ぶ	・資料シートを使って，ストレスコーピングには様々な方法があることを確認する	資料シート配布
	5	4．自分なりのコーピングについて考える		
	5	5．ふりかえりと自己評価	・自己評価シートに記入する	自己評価シート配布

技法 ＆ アプローチ

解説

ストレスマネジメント

　ストレスは高校生のみならず，ほとんどすべての人々が毎日直面するものです。多くの場合，適切にストレスを発散させることで対処していますが，ときに大きすぎるストレスにさらされたり対処しきれなくなってしまうと，心身に不調をきたす場合があります。こうしたストレスとうまく付き合っていくための方法を身につけることを，ストレスマネジメントといいます。ストレスマネジメントには，ストレスについて理解すること（心理教育）と，漸進的筋弛緩法（☞ p.35）などのストレスへの対処方法を身につけることの，大きく2つが挙げられます。心理教育は，ストレスの感じ方は自分の考え方によって左右されること（認知的評価）や，自分が普段行っているストレスへの対処法が効果的かどうか（コーピング）などを考える機会となり，普段はなかなか気づきにくい，ストレスに対する具体的な対処方法の習得をねらいとしています。

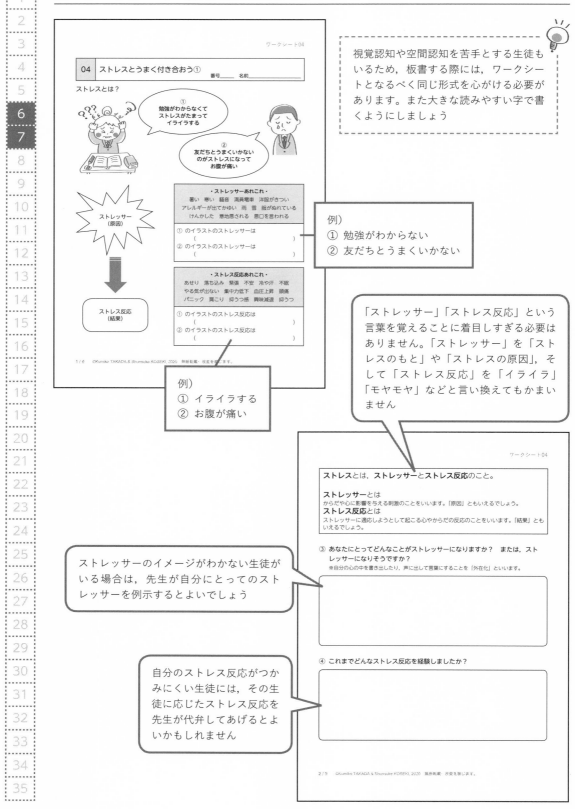

視覚認知や空間認知を苦手とする生徒もいるため，板書する際には，ワークシートとなるべく同じ形式を心がける必要があります。また大きな読みやすい字で書くようにしましょう

例）
① 勉強がわからない
② 友だちとうまくいかない

「ストレッサー」「ストレス反応」という言葉を覚えることに着目しすぎる必要はありません。「ストレッサー」を「ストレスのもと」や「ストレスの原因」，そして「ストレス反応」を「イライラ」「モヤモヤ」などと言い換えてもかまいません

例）
① イライラする
② お腹が痛い

ストレッサーのイメージがわからない生徒がいる場合は，先生が自分にとってのストレッサーを例示するとよいでしょう

自分のストレス反応がつかみにくい生徒には，その生徒に応じたストレス反応を先生が代弁してあげるとよいかもしれません

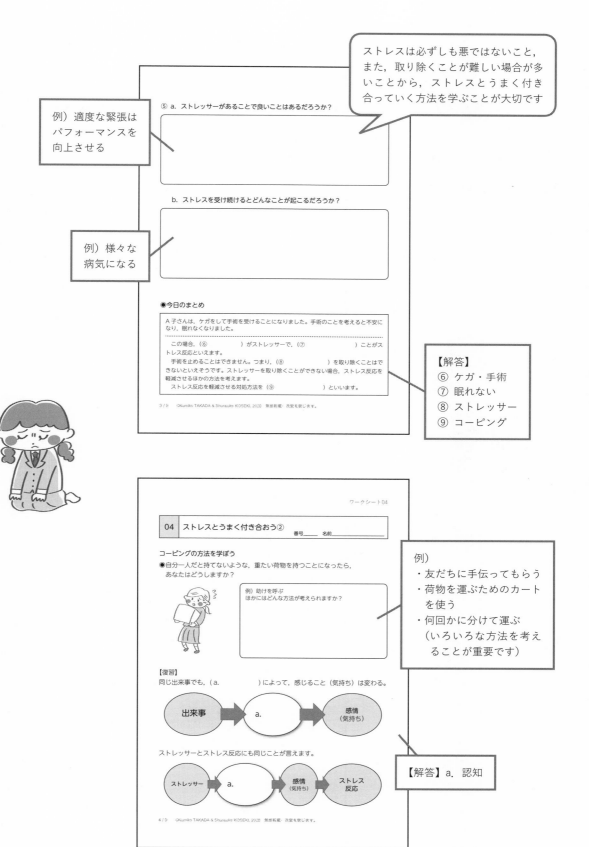

ストレスは必ずしも悪ではないこと，また，取り除くことが難しい場合が多いことから，ストレスとうまく付き合っていく方法を学ぶことが大切です

例）適度な緊張はパフォーマンスを向上させる

⑤ a. ストレッサーがあることで良いことはあるだろうか？

b. ストレスを受け続けるとどんなことが起こるだろうか？

例）様々な病気になる

●今日のまとめ

A子さんは，ケガをして手術を受けることになりました。手術のことを考えると不安になり，眠れなくなりました。

この場合，（⑥　　　　　　　　　）がストレッサーで，（⑦　　　　　　　　　）ことがストレス反応といえます。

手術を止めることはできません。つまり，（⑧　　　　　　　　　）を取り除くことはできないといえそうです。ストレッサーを取り除くことができない場合，ストレス反応を軽減させるほかの方法を考えます。

ストレス反応を軽減させる対処方法を（⑨　　　　　　　　　）といいます。

3 / 9　©Kumiko TAKADA & Shunsuke KOSEKI, 2020　無断転載・改変を禁じます。

【解答】
⑥ ケガ・手術
⑦ 眠れない
⑧ ストレッサー
⑨ コーピング

04　ストレスとうまく付き合おう②　　　番号＿＿＿＿　名前＿＿＿＿＿＿＿＿＿

コーピングの方法を学ぼう
●自分一人だと持てないような，重たい荷物を持つことになったら，あなたはどうしますか？

例）助けを呼ぶ
ほかにはどんな方法が考えられますか？

例）
・友だちに手伝ってもらう
・荷物を運ぶためのカートを使う
・何回かに分けて運ぶ
（いろいろな方法を考えることが重要です）

【復習】
同じ出来事でも，（a.　　　　　）によって，感じること（気持ち）は変わる。

出来事　→　a.　→　感情（気持ち）

ストレッサーとストレス反応にも同じことが言えます。

ストレッサー　→　a.　→　感情（気持ち）　→　ストレス反応

【解答】a. 認知

4 / 9　©Kumiko TAKADA & Shunsuke KOSEKI, 2020　無断転載・改変を禁じます。

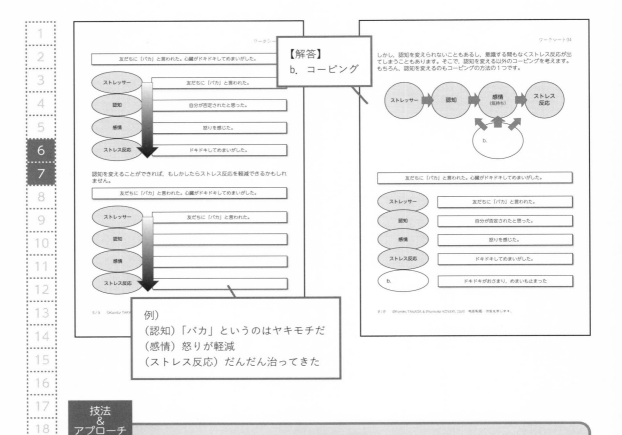

【解答】
b. コーピング

例)
（認知）「バカ」というのはヤキモチだ
（感情）怒りが軽減
（ストレス反応）だんだん治ってきた

動機づけ

　心理学用語としての「動機づけ」は，その行動が生起したり維持したりするための一連の過程を指します。動機づけには大きく２種類あります。１つ目の「外発的動機づけ」は，何らかの報酬を得たり目標を達成したりするための行動に対する動機づけです。もう１つの「内発的動機づけ」は，明確な報酬や目標がなく，行動すること自体が目的である行動に対する動機づけです。例えば，毎日ジョギングをしている人がいるとします。その理由をたずねたときに，「マラソン大会で優勝したいから」と答えた人は，外発的動機づけによって行動が維持されていると考えられます。一方，「楽しいから」と答えた人は，内発的動機づけによって行動が維持されていると考えられます。外発的動機づけによって起こる行動は，その報酬がもらえなくなった途端に，消失してしまう可能性があります。言い換えれば，報酬に依存した行動といえます。そのため，支援においても，内発的動機づけを引き出すことが重要と考えられています。しかしながら，実際には，「変わりたい気持ちはあるけど，変われない，または変わりたくないという気持ちもある」という葛藤を抱える人もいます。このような葛藤に寄り添い，変化することへの抵抗感を低減し，本人が望む方向に進むことができるように動機づけられるようアプローチする方法が，動機づけ面接です。心理面接の場面だけではなく，生徒指導や教育相談，学級づくりにおいても，動機づけを高めることをねらいとした支援が有効です。

ワークシート04

ストレッサーに気がついたら

>>① ストレッサーを取り除けるか考える

(例)　・部屋が暑い　→　エアコンのスイッチ ON
　　　　・騒音　→　耳栓をする

>>② ストレッサーを取り除けなかったら，コーピングを考えて実行してみる

●資料を見て，自分に合ったコーピングを書き出してみよう。

思いつかない場合は，自分の趣味など
を考えたり，これまでの授業で扱って
きたリラクセーション法や外在化など
を提案する

●自分なりのコーピングを考えよう。

コーピングの方法は1つではなく，数多くの方法を持っていることが大切です。
そうすれば様々なストレッサーに対応できますね。

7 / 9　©Kuniko TAKADA & Shunsuke KOSEKI, 2020　無断転載・改変を禁じます。

ワークシート04

04	ストレスとうまく付き合おう　資料

番号＿＿＿＿　名前＿＿＿＿＿＿＿

コーピングの方法 (ストレッサーに合わせて選ぼう)

■認知を変える　■外在化 (紙に書く)　■呼吸法

■漸進的筋弛緩法　■ストレッチ　■運動　■好きな音楽を聞く

■散歩する　■湯船につかる　■掃除をする

■おちつく場所に一時避難する　■楽しいことを考える

■話を聞いてくれる人に相談する　■紙を細かくちぎる　■絵を描く

■美味しいものを味わってゆっくり食べる　■おでこや首筋を冷やす

■好きな風景をイメージする　■泣けるドラマや映画を見る

■好きな香りをかぐ　■頭の中で自分をほめてあげる　■歌う

■料理をする　■ぬり絵　■花をながめる

■水槽などの水の揺らぎをながめる　■笑う

ただし，喫煙，飲酒，覚せい剤などは
コーピングとして NG です。
法律違反であり，また，あなたの体の
成長や健康を損なう恐れがあります。
暴飲暴食もやめましょう

8 / 9　©Kuniko TAKADA & Shunsuke KOSEKI, 2020　無断転載・改変を禁じます。

ワークシート04

04	ストレスとうまく付き合おう　自己評価

番号＿＿＿＿　名前＿＿＿＿＿＿＿

☆自己評価☆

●ストレスの仕組みが理解できた

はい　・　どちらともいえない　・　いいえ

●ストレスコーピングの方法がわかった

はい　・　どちらともいえない　・　いいえ

☆感　想☆

感想のヒント
・○○したことに興味があった。
・○○したのは理解できた。
・○○したのは楽しかった。
・○○ができるようになった。

☆担任の先生から☆

担任の先生に「ストレスとうまく付き合おう」でどんな
ことを学んだか報告して，コメントをいただきましょう。

9 / 9　©Kuniko TAKADA & Shunsuke KOSEKI, 2020　無断転載・改変を禁じます。

Teacher's Comments
**プログラム
の感想**

　ワークシートの例題を使ってストレスについて学習していきますが，自分が実際に経験したストレスを題材に考えることで理解が促進された生徒も多かったように感じられました。また，自分のストレス反応を言語化することが難しい生徒には教員が代弁するなど，適宜フォローをするとよい気がしました。

生徒が理解しやすい★★★★☆　　　生徒の反応がよい★★★★★　　　実生活に活かせる★★★★★

05　行動のメリット

指導区分（自立活動6区分）	
健康の保持 [5]	環境の把握 [2] [5]
心理的な安定 [1] [3]	身体の動き
人間関係の形成 [3]	コミュニケーション

技法 & アプローチ	行動活性化 ☞ p.49 機能分析 ☞ p.52 応用行動分析 ☞ p.110

ポイント解説● 人が行動したあとに，その人にとっての「メリット」が出現すると，その行動は維持しやすくなると考えられています。「勉強する」という行動のあとに，「わかる！」や「ほめられた！」というメリットが出現すると，勉強する行動は維持しやすくなります。一方，勉強しても「こんなこともわからないのか！」と叱られてしまうと，「デメリット」が出現してしまっていますから，「勉強する」行動は維持しにくくなります。また，「嫌なことから逃げる」という行動にも，メリットが出現してしまうことにも注意が必要です。学校に行きたくないときに「お腹が痛い」と訴えたあとに，「行かなくて済む」というメリットが出現してしまうと，不調を訴える行動は維持しやすくなります。ただし，長期的には「勉強がわからなくなる」，「友だちに会うのも不安」などと，結局はデメリットが出現してしまうのも，この「逃げる」ことにメリットが出現するときの「落とし穴」です。このメリットの出現と，自分にとって良い行動を維持させる仕組みに気づくことが重要です。

A. 指導目標

　気持ちと行動の関係について学び，気持ちが落ち込んだ場合でも行動することによって気持ちが楽になることに気がつき，行動賦活傾向を高める。

B. 指導計画　2単位時間（45分×2回）

時数	主な学習活動
1	気落ちと行動の関係について知り，行動することによって気持ちが楽になることを学ぶ
2	自分にとって気持ちが楽になる行動のリスト化

C. 評価の観点

【知識・技能】気持ちと行動の関係について，行動することが気持ちの改善につながることを学ぶことができる。

【思考・判断・表現】自分にとって気持ちが楽になる可能性がある行動をリスト化することができる。

【主体的に取り組む態度】行動をすることの意義を学び，自らの行動について考え，主体的に取り組むことができる。

D．本時の指導

時配 （分）		学習活動	指導上の留意点	準備物
1	10	1．リラクセーション		ワークシート 配布
	10	2．プログラム03「自分の特徴を知ろう」を復習して，「認知が変わると感情が変わる」ことを確認する	・板書の際には，ワークシートと同じように板書しながら空欄を埋める	
	20	3．気持ちと行動について学ぶ	・気持ちが落ち込んで行動せずにいると，同じことを何度も考えてしまうことを確認する ・気持ち，行動とはどのようなことかを確認する	
	5	3．まとめ，ふりかえり，ホームワークの説明	・行動と気持ちを記録する	ホームワーク 配布
2	10	1．リラクセーション，前回の復習，ホームワークの確認	・前回の授業で学んだこととホームワークの確認（楽しかったこと，気分が楽になる行動か）	ワークシート 配布
	30	2．自分にとって気持ちが楽になる，元気になる行動リストを作成する	・ワークシートのどこに書き込めばよいのか指示する	資料シート配布
	5	3．まとめと自己評価	・自己評価シートに記入する	自己評価シート配布

技法
＆
アプローチ

解説

行動活性化

　例えば，「みんなの前で間違えてしまったら恥ずかしい思いをする」という状況を避けるために，挙手がなかなかできない子どもがいます。このように，望ましくない状況を避けようとする回避行動は，得られたはずの良いこと（メリット）までも得られなくしてしまいます。しかしあるとき，思い切って発言をしてみたところ，先生や周りの子どもたちからほめられた（メリット）ことで，次から挙手の回数が増えていきました。このように，行動を遂行することで，メリットを得る機会が増え，良循環につながりやすくなると考えられます。仮に，結果として望ましくない状況が避けられると，回避的な行動パターンはそのまま維持され，悪循環となります。それに対して，行動を遂行することで，回避行動によっていままで気づかなかった良いこと（メリット）の存在に気づき，さらに行動を重ねていくことで悪循環から良循環へ変えていく手続きを，行動活性化といいます。

E. ワークシート（解答と指導のポイント）

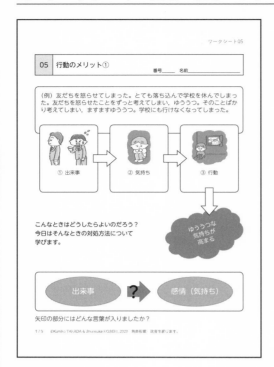

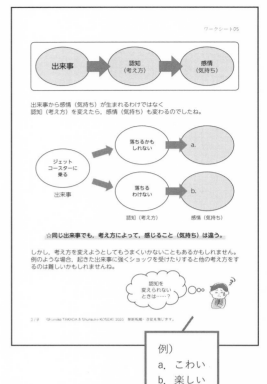

例)
a. こわい
b. 楽しい

💡 認知を変えることに着目しすぎずに，「認知の選択肢をもつ」「認知の多様性に気づく」ことをねらいとして，先生と生徒で様々な認知を出し合うこともよいでしょう

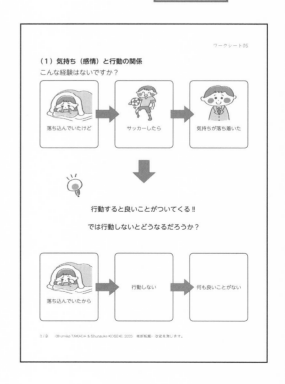

ワークシート05
行動活性化とは，気分の状態に左右されずに
場面に応じて効果的な活動を行うこと。
ますます
落ち込む
負の連鎖
落ち込み
楽しい行事に
出られない!!!
ぐるぐる
学校を休む
少しスッキリ
負の連鎖
落ち込み
学校に行った
（行動した）から
楽しい行事に
参加できた
学校へ行く
（行動）
行動活性化
4 / 9　©Kumiko TAKADA & Shunsuke KOSEKI, 2020　無断転載・改変を禁じます。

気落ちが落ち込んで行動せずにいると，同じことを何度も考えてしまい悪循環になってしまうことに気づく

ワークシート05

●実際に行動活性化してみよう

（1）気持ち（感情）にはどんなものがあるだろうか

（例）うれしい

（2）行動とはどんなことをいうだろうか

（例）散歩する

【復習】行動レベルの目標を立てる
・なるべく会話する　×
・朝「おはよう」を言う　○

5 / 9　©Kumiko TAKADA & Shunsuke KOSEKI, 2020　無断転載・改変を禁じます。

気持ちや感情が理解しにくい生徒には顔マークで喜怒哀楽を伝える
😊→嬉しい
😭→悲しい　　など

プログラム01「ちょっと先の未来図」の「行動目標」を復習する

ワークシート05

05　行動のメリット　ホームワーク　番号＿＿＿　名前＿＿＿＿＿＿＿＿

●「気持ちが楽になった」「楽しかった」「元気になった」行動を記録しよう。

日付	行動
月　　日	・友だちとサッカーして遊んだ ・ゲームした
月　　日	
月　　日	
月　　日	
月　　日	
月　　日	
月　　日	
月　　日	

6 / 9　©Kumiko TAKADA & Shunsuke KOSEKI, 2020　無断転載・改変を禁じます。

まねができないことは行動ではありません。まねができる具体的な行動を考えるようにしましょう

| 05 | 行動のメリット② | 番号_____ 名前_____ |

●気持ちが楽になる行動リストを作ってみよう。

行　動	気持ち スッキリ度	実行性	合　計
（例）犬と散歩	5/10	10/10	15/20

まとめ

考えられない場合は，自分の趣味などを考えたり，資料を参考にする，あるいは先生の行動リストを提示したり，生徒が複数の場合は発表し合うのもよいでしょう

「気持ちが楽になる行動は人によって違うこと」，また「気持ちと行動，どちらを変えてもよい，しかしながら落ち込んだ気持ちをいきなり変えることは難しいため，行動を変える方法が適しているかもしれないこと」を説明する

7／9　©Kumiko TAKADA & Shunsuke KOGEKI, 2020）無断転載・改変を禁じます．

技法 & アプローチ

解説

機能分析（機能的アセスメント）

　機能分析とは，「行動の前後関係から行動の機能を推測する手続き」のことをいいます。行動の「機能（≒行動の意味・目的・役割）」を考えることで，適切な代替行動や対応の方法がわかってきます。行動の機能の種類としては，①注目の獲得，②物や活動の要求，③嫌なことからの回避，④感覚刺激（自己刺激）の獲得，⑤ストレス発散，に分類することができます。認知行動療法を実施するうえで，機能分析は情報収集の段階で得られた情報を踏まえて，治療のターゲットとなる行動や症状を設定する段階であるといえます。ターゲットの選定のコツは，「具体的で，目に見える形で，達成可能で，観察や検証可能なもの」であることです。機能分析のやり方の例を1つあげます。授業中に離席する（B）生徒がいたとしましょう。そのきっかけ（A）は「興味を引くもの」「苦手な授業」などが考えられ，結果（C）の仮説は「楽しい」「安心」「難しい問題をやらずに済む」などが考えられます。そうすると，この生徒にとっての授業中に離席する（B）という行動の"機能"は，「物・活動の要求」や「嫌なことからの回避」が考えられるということになります。習得させたい目標を考えることができたら，問題となる行動と"同じ機能"の望ましい行動（先ほどの例でいうと，「生徒が興味をもてるものを用意する」「行動を引き起こすきっかけをなくす」など）を考えてみましょう。

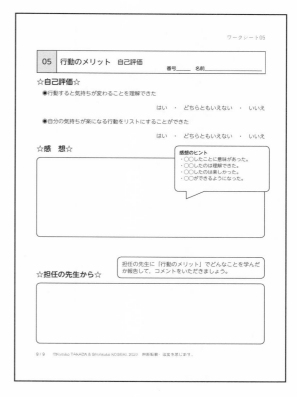

ワークシート05

| 05 | 行動のメリット　自己評価 | 番号＿＿＿　名前＿＿＿＿＿＿＿＿ |

☆自己評価☆

●行動すると気持ちが変わることを理解できた

はい ・ どちらともいえない ・ いいえ

●自分の気持ちが楽になる行動をリストにすることができた

はい ・ どちらともいえない ・ いいえ

☆感　想☆

感想のヒント
・○○したことに意味があった。
・○○したのは理解できた。
・○○したのは楽しかった。
・○○ができるようになった。

☆担任の先生から☆

担任の先生に「行動のメリット」でどんなことを学んだか報告して，コメントをいただきましょう。

9／9　©Kumiko TAKADA & Shunsuke KOSEKI, 2020　無断転載・改竄を禁じます。

ワークシート05

| 05 | 行動のメリット　資料 | 番号＿＿＿　名前＿＿＿＿＿＿＿＿ |

行動リスト

●一人でできるもの

■散歩　■ジョギング　■サッカー　■素振り　■ゲーム　■水泳

■写真　■絵を描く　■アニメ　■コスプレ　■映画鑑賞　■筋トレ

■バスケ　■釣り　■登山　■森林浴　■SNS

■料理　■掃除　■洗濯　■ぬり絵　■ジグソーパズル

■ガーデニング　■家庭菜園　■ギター　■ピアノ　■書道

■コラージュ　■食べ歩き　■読書　■ヨガ　■ダンス　■プラモデル

■インターネット動画を観る　■外の空気を吸う　■ボランティア活動

●誰かと一緒に

■LINE　■電話　■家族に相談する　■先生に相談する

■スクールカウンセラーに相談する　■友だちに相談する

■友だちを誘って出かける　■キャッチボール　■バレーボール　■３ON３

■話し合う　■囲碁　■将棋　■トランプ　■遊園地　■野球

気持ちが楽になる行動は人それぞれ。
場合に応じて使い分けられるとよいですね。

6／9　©Kumiko TAKADA & Shunsuke KOSEKI, 2020　無断転載・改竄を禁じます。

Teacher's Comments
プログラムの感想

　生徒自身の不適応行動のエピソードを題材に授業が展開できました。また，「認知」と「感情」の概念の分化が進む授業となったように感じられました。

生徒が理解しやすい★★★★★　　生徒の反応がよい★★★★☆　　実生活に活かせる★★★★★

06 適切な距離感

技法 & アプローチ	ソーシャルスキルトレーニング ☞ p.56

指導区分（自立活動6区分）

健康の保持 ④	環境の把握 ⑤
心理的な安定 ① ②	身体の動き
人間関係の形成 ① ② ③	コミュニケーション ① ④ ⑤

ポイント解説● 人と人との間の距離のことを「パーソナルスペース」といいます。親しい人に距離を空けて座られると「嫌われているのかな？」と不安になったり，逆に知らない人に密着して座られると嫌な気持ちになったりするかもしれません。このように，適切なパーソナルスペースというものは，相手やその状況によって大きく異なります。このような「あいまいさ」を理解して対応することは，なかなか難しい課題となることも少なくありません。

A. 指導目標

他者との関係に適した距離感について学び，良好なコミュニケーションの一助とする。

B. 指導計画　1単位時間（45分×1回）

時数	主な学習活動
1	他者との関係によって適切な距離感があることを学ぶ

C. 評価の観点

【知識・技能】他者との関係に応じた距離があることを学ぶことができる。

【思考・判断・表現】他者との関係に応じた距離を考えることができる。

【主体的に取り組む態度】他者との関係づくりに主体的に取り組むことができる。

D. 本時の指導

時配 （分）		学習活動	指導上の留意点	準備物
1	5 5	1．リラクセーション 2．パーソナルスペースについての説明	・板書の際には，ワークシートと 　同じように板書しながら空欄を 　埋める	ワークシート 配布
	15	3．①実際に「これ以上近づいてほしくない」距 　　離を測る 　②パーソナルスペースは人によって違うこと 　　を知る 　③正面と横並びでは，正面のほうが距離が 　　あったほうが落ち着くことを知る	・先生が感じる生徒との距離から 　測る ・生徒はどう感じるか測る	メジャー
	5	4．「はじめまして距離」「友だち距離」「恋人・家 　　族距離」を実際にメジャーを使って確かめて 　　みる	・生徒が1人しか在籍しない場 　合は担任の先生などに協力して 　もらったり家で家族と測ってみ 　たり，工夫する ・最低限，「小さく前へならえ」 　の距離を保つことを確認する	
	10	5．「誰かに『近い』と言われたら」「パーソナル 　　スペースが守れないような場所」という場面 　　ではどのようなふるまいをするのが適切か考 　　える	・もし誰かに「近い」と言われた 　ら，まずは一歩下がることを練 　習する	
	5	6．まとめ，ふりかえり	・自己評価シートに記入する	自己評価シー ト配布

バーバル／ノンバーバルコミュニケーション

　私たちが普段行っているコミュニケーションは，バーバル（言語）とノンバーバル（身振り
や表情，目線などの非言語）で構成されています。コミュニケーションをとるには，どちらの
情報も重要と考えられます。例えば，無表情で「この料理おいしいね」と言っても，相手はお
そらく「本当にそう思っているのかな？」と思うでしょう。もしくは，何も言わなくても，目
の前の人がニコニコしていたら，「この人は今，楽しいんだな」と理解できます。円滑なコ
ミュニケーションのためには，バーバルとノンバーバル，どちらの情報も重要といえます。発
達障害のある人のなかには，このような言語以外の情報をもとに相手の心情をくみとるノン
バーバルコミュニケーションを苦手とする人が少なくありません。その場合には，コミュニ
ケーションのコツとしてノンバーバルコミュニケーションについて学ぶ要素を，SST（☞
p.56参照）などに取り入れて教えることがあります。

E. ワークシート（解答と指導のポイント）

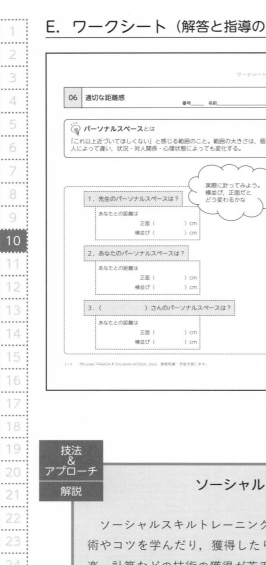

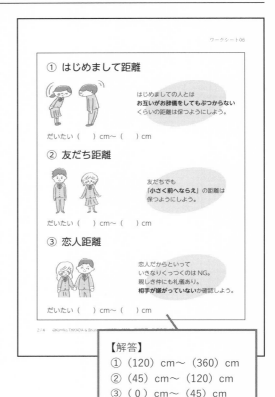

【解答】
① （120）cm～（360）cm
② （45）cm～（120）cm
③ （0）cm～（45）cm

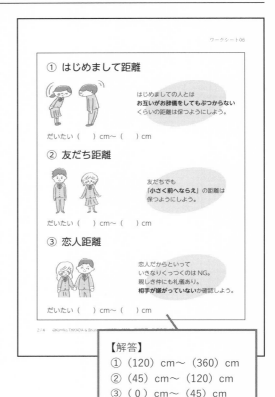

技法
&
アプローチ
解説

ソーシャルスキルトレーニング（SST）

　ソーシャルスキルトレーニング（SST）は，「人間関係に関する知識と具体的な技術やコツを学んだり，獲得したりするトレーニング」といえます。水泳や鉄棒，音楽，計算などの技術の獲得が苦手な子がいるのと同様，「心のバランスの取り方」や「人との付き合い方」が不器用であったり，苦手意識があったりする子は多くいるでしょう。ソーシャルスキルは日々の経験によって学習されるものなので，練習をすることで，誰にでも獲得が可能です。「ソーシャルスキルがない」とは，「学んでおらずどうしていいかわからない（未学習）」，「受け入れられないスキルを学んだ（誤学習）」，「スキルは学習済みだが，うまく発揮できない（遂行困難）」ことをいいます。SSTの進め方としては，「やってみせる（導入・具体的な教示）」，「まねてみる（モデリング）」，「ポイントの確認」，「やってみる（ロールプレイ・行動リハーサル）」，「具体的なフィードバックと強化（具体的にほめる）」，「まとめ」が基本的な流れになります。相手に受け入れられる可能性の高い行動を練習していくとよいでしょう。また，学校では，クラスのみんなが適切な社会的スキルを身につけることで，ソーシャルスキルが維持される環境を整えられることにもつながります。

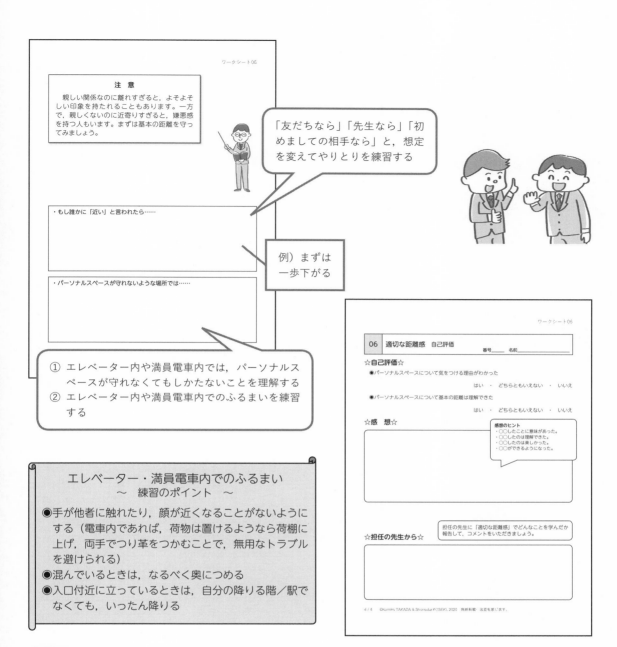

注 意

親しい関係なのに離れすぎると，よそよそしい印象を持たれることもあります。一方で，親しくないのに近寄りすぎると，嫌悪感を持つ人もいます。まずは基本の距離を守ってみましょう。

「友だちなら」「先生なら」「初めましての相手なら」と，想定を変えてやりとりを練習する

・もし誰かに「近い」と言われたら……

例）まずは一歩下がる

・パーソナルスペースが守れないような場所では……

① エレベーター内や満員電車内では，パーソナルスペースが守れなくてもしかたないことを理解する
② エレベーター内や満員電車内でのふるまいを練習する

エレベーター・満員電車内でのふるまい
～ 練習のポイント ～

●手が他者に触れたり，顔が近くなることがないようにする（電車内であれば，荷物は置けるようなら荷棚に上げ，両手でつり革をつかむことで，無用なトラブルを避けられる）
●混んでいるときは，なるべく奥につめる
●入口付近に立っているときは，自分の降りる階／駅でなくても，いったん降りる

06	適切な距離感　自己評価	番号＿＿＿　名前＿＿＿＿＿＿＿＿

☆自己評価☆

●パーソナルスペースについて気をつける理由がわかった

はい ・ どちらともいえない ・ いいえ

●パーソナルスペースについて基本の距離は理解できた

はい ・ どちらともいえない ・ いいえ

☆感　想☆

感想のヒント
・○○したことに意味があった。
・○○したのは理解できた。
・○○したのは楽しかった。
・○○ができるようになった。

☆担任の先生から☆

担任の先生に「適切な距離感」でどんなことを学んだか報告して，コメントをいただきましょう。

4 / 4　©Kumiko TAKADA & Shunsuke KOSEKI, 2020　無断転載・改変を禁じます。

Teacher's Comments
プログラムの感想

　同じ相手であっても何回かやってみるたびに距離感が違ったり，距離は近くても体が正面を向いていなかったり，のけぞって避けるような姿勢になっていたりと，いろいろな行動が見られました。自分と他者の存在を身体感覚で学ぶことができ，生徒の反応がよい授業でした。

生徒が理解しやすい★★★★★　　生徒の反応がよい★★★★★　　実生活に活かせる★★★★☆

07 コミュニケーションの コツ【前編】

技法 & アプローチ	ソーシャルスキルトレーニング ☞ p.56 バーバル／ノンバーバルコミュニケーション ☞ p.55 表情認知 ☞ p.83

指導区分（自立活動6区分）

健康の保持	環境の把握 ⑤
心理的な安定 ②	身体の動き
人間関係の形成 ①②③	コミュニケーション ①④⑤

ポイント解説● コミュニケーションは誰しもが抱えうる課題といってもよいかもしれません。コミュニケーションにおいては絶対的な「正解」は存在しないため，相手はもちろん，そのときの場面や状態に応じて行動を選択していく必要があります。そのうえで，①行動の選択肢を増やす，②適切に選択する，③選択したものを実行する，④実行した結果を評価する，という手続きを繰り返していくことが，コミュニケーション力の向上のためには必要になります。なかには，「頭ではわかっているけど実行できない」という生徒もいるでしょう。そのような生徒とは，できるかぎり具体的に，映画や劇の台本を作るかのように，コミュニケーションを行う状況や場面を設定して，練習してみるとよいでしょう。

A. 指導目標

状況に応じて様々な手段で情報を伝えられることを知り，その手段を身につける。

B. 指導計画　4単位時間（45分×4回）

時数	主な学習活動
1	コミュニケーションとは何か，ノンバーバルコミュニケーションとは何か
2	ノンバーバルコミュニケーション，聞くスキル
3	バーバルコミュニケーションの種類，声をかけるスキル
4	会話を続けるスキル

C. 評価の観点

【知識・技能】コミュニケーションに必要なスキルを理解することができる。

【思考・判断・表現】他者との関係に応じたコミュニケーションスキルについて考えることができる。

【主体的に取り組む態度】他者との関係づくりに主体的に取り組むことができる。

D．本時の指導

時配 （分）		学習活動	指導上の留意点	準備物
1	5 5 30 5	1．リラクセーション 2．コミュニケーションの手段は大きく分けるとバーバルコミュニケーションとノンバーバルコミュニケーションの2つがある。それぞれにどのようなものがあるか考える 3．①先生の表情や行動を見てどんな気持ちが伝わってくるか選択肢から選ぶ 4．②，③，④と課題に取り組む 5．今日のまとめとふりかえり	・板書の際には，ワークシートと同じように板書しながら空欄を埋める ・5回のロールを，【解答】の順で，例）のポイントを参考にして演じる ・表情や行動だけでも気持ちが伝わることを確認する ・単純な気持ちや情報は表情や行動だけでも伝えられるが，複雑な気持ちや情報は伝わらないことを確認する	ワークシート配布
2	5 5 10 10 10 5	1．リラクセーション 2．前回のふりかえり 3．場に応じた行動があることを学ぶ 4．①と②の課題に取り組み，話を聞く行動について学ぶ 5．相手を見る・うなずき・相づちのポイントを押さえる 6．今日のまとめとホームワークの確認	・板書の際には，ワークシートと同じように板書しながら空欄を埋める ・①では， 　・生徒のほうは見ずに別の作業をする 　・文節でうなずかず，句切れの悪いところでうなずく 　・そわそわ動く ・②では 　・生徒の目を見る 　・文節で相づちを打つ 　・体を相手に向ける 　・作業の手を止める 　・3か条（ワークシート参照）を確認する 　・場面や相手に応じた相づち ・ホームワークの説明	ワークシート配布 ホームワーク配布
3	5 5 10 5 15 5	1．リラクセーション 2．前回のふりかえり，ホームワークの確認 3．バーバルコミュニケーションの種類とメリット・デメリットについて考える 4．会話するコツ①について学ぶ 5．会話するコツ②声をかけるについて学ぶ 6．今日のまとめとホームワークの確認	・これからも続けるように肯定的なフィードバックを行う ・板書の際には，ワークシートと同じように板書しながら空欄を埋める ・どのような場面でも「相手の名前を呼ぶ」「あいさつする」を定型とし，練習する ・ホームワークの説明	ワークシート配布 ホームワーク配布

	5	1．リラクセーション		ワークシート配布
	5	2．前回のふりかえり，ホームワークの確認	・これからも続けるように肯定的なフィードバックを行う	
	10	3．会話を続けるアの場合を学ぶ	・ア．先生が友だち役になり話題を提供する（生徒が見ているテレビ番組やゲームなどの話題が望ましい）	
4	10	4．会話を続けるイの場合を学ぶ	・イ．それぞれの場面の練習を先生が相手となって練習する	
	10	5．②の場面について学ぶ 6．③の場面について学ぶ	・昼休みなど，集団で食事をする場面についてのポイントを感覚的に理解できない生徒も存在するため，先生がどう思うかを答える ・どんなに練習しても失敗することは仕方がないことで，大切なのはそのときにどう対処するかであることを確認する	
	5	7．まとめと自己評価	・ホームワークの説明 ・時期をあけてまたコミュニケーションのコツを学習することを伝える ・自己評価シートに記入する	ホームワーク配布 自己評価シート配布

E．ワークシート（解答と指導のポイント）

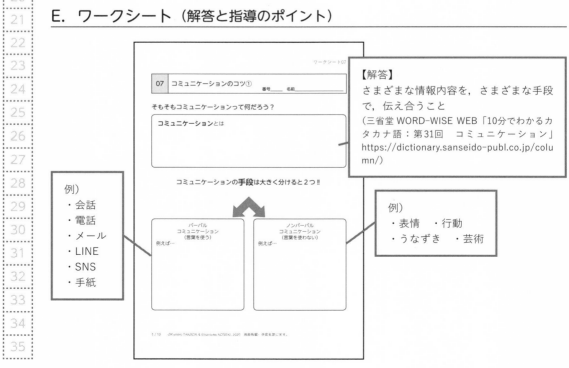

ワークシート07

07　コミュニケーションのコツ①　　番号＿＿＿　名前＿＿＿＿＿＿

そもそもコミュニケーションって何だろう？

コミュニケーションとは

【解答】
さまざまな情報内容を，さまざまな手段で，伝え合うこと
（三省堂 WORD-WISE WEB「10分でわかるカタカナ語：第31回　コミュニケーション」https://dictionary.sanseido-publ.co.jp/column/）

コミュニケーションの手段は大きく分けると2つ!!

例）
・会話
・電話
・メール
・LINE
・SNS
・手紙

バーバル
コミュニケーション
（言葉を使う）
例えば…

ノンバーバル
コミュニケーション
（言葉を使わない）
例えば…

例）
・表情　・行動
・うなずき　・芸術

◉書字読字の障害がある生徒には指差しで答えを
　選ばせたり，先生が読むなどの支援をする
◉発達障害の傾向のある生徒は，表情認知が苦手
　である可能性があるため，表情以外の態度にも
　着目することを促す

ワークシート

ノンバーバルコミュニケーション Lesson ①

やってみよう‼
① 先生の表情や行動を見てどんな気持ちが伝わってくるか，次の選択肢から選んで（　）に書こう。指差しでも OK。

選択肢　　A. 怒り　B. 喜び　C. 退屈　D. 緊張　E. 感謝

1回目（　　）
2回目（　　）
3回目（　　）
4回目（　　）
5回目（　　）

わからなかったら
ヒントをもらおう

1回目のポイントは……

2回目のポイントは……

3回目のポイントは……

4回目のポイントは……

5回目のポイントは……

2 / 15　©Kumiko TAKADA & Shumuko KOSEKI, 2020　無断転載・複写を禁じます。

【解答】
＊以下の順で
　５つのロー
　ルを演じる
1回目（B）
2回目（C）
3回目（A）
4回目（D）
5回目（E）

例）
＊以下のポイントを参考にしてロールを演じる
1回目：表情，口角上がり，目じり下がり
2回目：表情，口角下がり，ため息
3回目：表情，眉間にしわ
4回目：肩に力
5回目：何回もお辞儀，手を合わせる

例）
A. がっかり，落ち込み，悲しい
B. うれしい，楽しい

ワークシート07

② AとBのイラストからどんな気持ちがわかりますか？
A　　　　　　　　　　　B

(A　　　　　　　)　(B　　　　　　　)

③ 言葉を使わずに「うれしい」を伝えてみよう。
　どんな工夫が考えられるでしょうか？

④ 言葉を使わずに「昨日見たテレビの内容」を，見ていない人がわかるように
　伝えてみよう。

今日のまとめ
・コミュニケーションの手段には（❶　　　　　　　　　　　）と
　（❷　　　　　　　　　　　）がある。
・ノンバーバルコミュニケーションは，ある程度の気持ちや情報は（❸　　　　　）
　が，複雑な気持ち・情報は（❹　　　　　）。

3 / 15　©Kumiko TAKADA & Shumuko KOSEKI, 2020　無断転載・複写を禁じます。

【解答】
❶ バーバルコミュニケーション
❷ ノンバーバルコミュニケーション
❸ 伝えられる
❹ 伝わらない

それぞれの場をイメージできるように，本人が
その場を経験したことがあるか，あるいはテレ
ビで見たことがあるかなどを確認しながら丁寧
に進めましょう。適宜，ロールプレイで確認す
るとよいでしょう。生徒に抵抗感がある場合は
先生がモデルを見せましょう

漫才などの動画を用意できる
場合は，動画で相づちを打つ
タイミングを確かめるなどの
活動もよいでしょう

ワークシート07

先生を相手に練習してみよう‼

a. 相手の顔を見る・相手のほうを見る

b. うなずき（声を出さずに文節，区切れでうなずく練習）

c. 相づち（はい，うんうん，へぇ，なるほど，そうなんですか，それで？）

① 相手が友だちの場合の相づち

② 相手がバイト先の店長の場合の相づち

③ 相手が初対面の人の場合の相づち

会話だけがコミュニケーションじゃない‼
会話が苦手な人は聞き方のコツをマスターしよう。

8 / 15　©Kumiko TAKADA & Shunsuke KOSEKI, 2020　無断転載・改変を禁じます。

ワークシート07

次の文章を先生に向かって言ってみよう‼

先生，こんにちは。今日は質問があって来ました。
明日の体育大会の持ち物なんですけど，替えのＴシャツと筆記用具とお弁当
だけでよいですか？

＊先生はどんな反応でしたか？　＊先生の反応をどう思いましたか？

次の文章をもう一度，先生に向かって言ってみよう‼

先生，こんにちは。今日は質問があって来ました。
明日の体育大会の持ち物なんですけど，替えのＴシャツと筆記用具とお弁当
だけでよいですか？

＊先生はどんな反応でしたか？　＊先生の反応をどう思いましたか？

相手に伝わる「聞くスキル」3か条
1.
2.
3.

5 / 15　©Kumiko TAKADA & Shunsuke KOSEKI, 2020　無断転載・改変を禁じます。

ノンバーバルコミュニケーション
〜　練習のポイント　〜

●相手の目を見続けない
●相手の目を見ることが難しい場合は，鼻
や口のあたりを見る
●うなずきは大げさにならないように，話
のひとまとまりでうなずくようにする

例）
メリット：
・表情・行動を確認できる
・すぐに伝わる
デメリット：
・緊張しやすい
・ゆっくり考えられない
・録音しなければ残らない

気落ちや情報の伝え方は1つではないこと，それぞれのメリット・デメリット，得意不得意，緊急性に応じて使い分けられることを確認する

07 コミュニケーションのコツ③
番号＿＿＿ 名前＿＿＿＿＿＿＿

◆バーバルコミュニケーションの種類

種類	メリット	デメリット
会って話す		
電話	すぐに伝わる 声の調子はわかる	表情・行動が見えない ゆっくり考えられない 緊張しやすい 録音しなければ残らない
LINE	すぐに伝わる 緊張しにくい	表情・行動が見えない 緊張しにくい 残る
メール	ゆっくり考えられる 緊張しにくい	表情・行動が見えない 緊張しにくい 残る
手紙	ゆっくり考えられる 緊張しにくい	表情・行動が見えない 残る すぐに伝わらない

気持ちや情報を伝える方法は1つではありません。それぞれのメリット・デメリット，自分の得意・不得意，緊急性に応じて使い分けられるのが1つの目標かもしれません

8／15 ©Kumiko TAKADA & Shunsuke KOSEKI, 2020 無断転載・改変を禁じます。

07 コミュニケーションのコツ② ホームワーク
番号＿＿＿ 名前＿＿＿

相手に伝わる「聞く」行動を試してみよう‼

	場　面	内　容	反　応
月　　日 曜日	（例）現代文の授業	うなずいた	先生に「よく聞いてるね」と言われた
月　　日 曜日			
月　　日 曜日			
月　　日 曜日			
月　　日 曜日			
月　　日 曜日			

7／15 ©Kumiko TAKADA & Shunsuke KOSEKI, 2020 無断転載・改変を禁じます。

「いつ」「誰に」「どこで」「なんの用事で」「表情」を意識して使い分ける必要があることを表を見ながら確認する

◆会話するコツ① いつ・誰に・どこで・なんの用事で・表情を意識する

いつ	誰に	どこで	なんの用事で	表情
朝	家族	自宅	あいさつ	真面目
昼	友だち	通学路	お願い	笑顔
夜	先生	教室	質問	悲しい
	バイト先の人	職員室	謝罪	うれしい
	初対面の人		お礼	
			世間話	

◆会話するコツ② 声をかける シチュエーション別に考えてやってみよう
声をかけるポイント **相手の名前を呼ぶ，あいさつする**
① 朝／友だちに／通学路で／あいさつ
② 朝／先生に／通学路で／あいさつ

(1) 名前を呼ぶ 「○○さん」「○○先生」
(2) 相手がこちらを見たら 「おはよう」「おはようございます」

③ 朝／先生に／職員室で／提出物を出しに

(1) 名前を呼ぶ 「○○先生」
(2) 先生がこちらを見たら 「おはようございます。今，少しよろしいですか？」
(3) 「いいよ」「どうした？」なら 「提出物を持ってきました」
　　 「今はダメ」なら 「いつうかがえばよいでしょうか」
(4) 用事が終わったら 「ありがとうございました」

復習 **相手に伝わる「聞く」態度**
1. 相手の顔を見る・相手のほうを見る
2. うなずく・相づちを打つ
3. 相手の表情・態度に合わせた表情・行動

9／15 ©Kumiko TAKADA & Shunsuke KOSEKI, 2020 無断転載・改変を禁じます。

ワークシート07

④ 友だちに消しゴムを借りる
(1) 名前を呼ぶ 「○○」
(2) 相手がこちらを見たら 「消しゴム貸してくれる?」
(3) 「いいよ」なら 「ありがとう」
　「ダメ」なら 「わかった、ほかの人に借りるね」
(4) 貸してくれたときも、返すときも 「ありがとう」

⑤ バイト先の店長に質問する
(1) 名前を呼ぶ 「○○さん」
(2) 相手がこちらを見たら 「すみません、今、お時間よろしいですか?」
(3) 「いいよ」「どうした?」なら 「お聞きしたいことがあるのですが」
　「ダメ」なら 「またあとでお願いします」「いつならよろしいでしょうか?」
(4) 用事が済んだら 「ありがとうございました」

⑥ (　　　　　　　　　　　　　　　　　　)
(1) 名前を呼ぶ 「○○さん」
(2) 相手がこちらを見たら 「　　　　　　　　　　」
(3) 「いいよ」「どうした?」なら 「　　　　　　　　　」
　「ダメ」なら 「　　　　　　　　　」
(4) 用事が済んだら 「　　　　　　　　　」

♪あいさつバリエーション♪

「おはよう」「こんにちは」「こんばんは」
「おばんです」「お疲れさまです」
「よう! 最近どう?」「久しぶり~!」

10 / 15　©Kumiko TAKADA & Shunsuke KOSEKI, 2020　無断転載・改変を禁じます。

> 今はバイトをしていない生徒でも今後する可能性があること、イメージがしにくい場合にはコンビニやファミレスなど生徒に身近な場面で働いている様子を想起させるとよいでしょう

> 自由課題。練習させたい場面、あるいは生徒が練習したい場面を取り上げる

ワークシート07

07	コミュニケーションのコツ③　ホームワーク

番号_____　名前_____

声をかけてみよう!!

	いつ・誰に・どこで	内容	反応
月　日 曜日	(例) 朝、友だちに通学路で	「おはよう」と声をかけた	「おはよう」と返してくれた
月　日 曜日			
月　日 曜日			
月　日 曜日			
月　日 曜日			
月　日 曜日			

11 / 15　©Kumiko TAKADA & Shunsuke KOSEKI, 2020　無断転載・改変を禁じます。

会話を続ける
～ 練習のポイント ～

● アイメッセージ（私は○○と思う）を使うと、相手の意見を否定せずに伝えることができる
● キッパリ言葉をやんわり言葉に置き換えてみる
● 生徒が全く興味のない話題を提供して、その場合の対処も提示する
● ロールプレイの際は、聞くスキルも忘れずに意識する
● 話が止まらなくなる生徒には、自分ばかり話さずに「あなたは?」と返すことを学ばせる
● 話すのが苦手な生徒には、集団であれば聞き役に徹してもよいことを確認する

ワークシート07

07	コミュニケーションのコツ④

番号_____　名前_____

復習

相手に伝わる「聞く」態度
1. 相手の顔を見る・相手のほうを見る 2. うなずく・相づちを打つ 3. 相手の表情・態度に合わせた表情・行動

声をかけるポイント
相手の名前を呼ぶ・あいさつする

◆会話するコツ③　会話を続ける
① 朝、登校中、友だち（1人）に会った。あいさつまではできたけど……

ア．相手が話題をふってくれた場合
・相づちプラス「へえ!」「それで?」「それから?」…うながし言葉

・「どう思う?」と聞かれたら
「私は○○○だと思うよ。あなたは?」
…「私は○○だと思う」というように「私」を主語にした言葉を「アイメッセージ」と言います。

・まったく興味のない話題だったら
…「興味がない」と答えたら会話が終わってしまいます。
「私はね、興味なかったけど、○○さんは好きなんだね。どんなとこが好き?」

Question!
「興味がない」と答えたら、相手はどう思うだろう?

> 先生が相手役になって、それぞれの場面を練習する

12 / 15　©Kumiko TAKADA & Shunsuke KOSEKI, 2020　無断転載・改変を禁じます。

話題カードは，今後の就職の際にも役に立つことを伝えられるとよいでしょう

10分以上会話する場合は，相手の話を引き出すこと，相手が何を好きなのかに興味を持つ必要があることを確認する

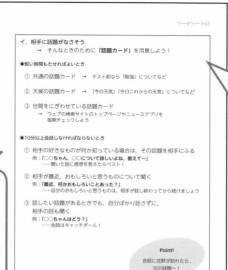

イ．相手に話題がなさそう
→ そんなときのために「話題カード」を用意しよう！

●短い時間もたせればよいとき
① 共通の話題カード → テスト前なら「勉強」についてなど
② 天候の話題カード → 「今の天気」「今日これからの天気」についてなど
③ 世間をにぎわせている話題カード
→ ウェブの検索サイトのトップページやニュースアプリを毎朝チェックしよう

●10分以上会話しなければならないとき
① 相手の好きなものが何か知っている場合は，その話題を相手にふる
例：「○○ちゃん，○○について詳しいよね，教えて〜」
……聞いた話に感想を言えたらベスト！
② 相手が，おもしろいと思うものについて聞く
例：「最近，何かおもしろいことあった？」
……自分のおもしろいと思うものは，相手が話し終わってから続けましょう
③ 話したい話題があるときでも，自分ばかり話さずに，相手の話も聞く
例：「○○ちゃんはどう？」
……会話はキャッチボール！

Point!
会話に沈黙が訪れたら，次の話題へ！

13 / 15 ©Kumiko TAKADA & Shunsuke KOSEKI, 2020 無断転載・改変を禁じます。

① 生徒同士の共通の話題探しをする（テスト，課題，先生，部活など）
② 天候の話題をいくつか示す（今日の天気，気温の変化，雨が降ると気持ちや体調が下降する，晴れていると気持ちがいい，ジメジメする，寒いの苦手，など）。あくまでも今の天候に関することを話題にする
③ ここ数日から1週間を目安に，世間をにぎわせているできごとを話す。旬なネタを常に意識しておくことを確認する

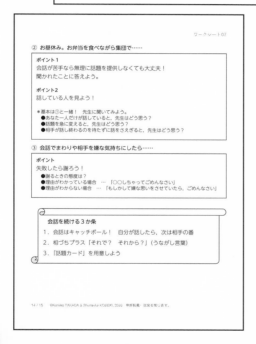

② お昼休み。お弁当を食べながら集団で……
ポイント1
会話が苦手なら無理に話題を提供しなくても大丈夫！
聞かれたことに答えよう。
ポイント2
話している人を見よう！
＊基本は①と一緒！　先生に聞いてみよう。
●あなた一人だけが話していると，先生はどう思う？
●話題を急に変えると，先生はどう思う？
●相手が話し終わるのを待たずに話をさえぎると，先生はどう思う？

③ 会話でまわりや相手を嫌な気持ちにしたら……
ポイント
失敗したら謝ろう！
●謝るときの態度は？
●理由がわかっている場合　…　「○○しちゃってごめんなさい」
●理由がわからない場合　…　「もしかして嫌な思いをさせていたら，ごめんなさい」

会話を続ける3か条
１．会話はキャッチボール！　自分が話したら，次は相手の番
２．相づちプラス「それで？　それから？」（うながし言葉）
３．「話題カード」を用意しよう

14 / 15 ©Kumiko TAKADA & Shunsuke KOSEKI, 2020 無断転載・改変を禁じます。

07 コミュニケーションのコツ【前編】 自己評価
番号＿＿＿＿　名前＿＿＿＿

☆自己評価☆
●コミュニケーションの種類がわかった
はい ・ どちらともいえない ・ いいえ
●相手に伝わる「聞く」態度がわかった
はい ・ どちらともいえない ・ いいえ
●声をかけるポイントがわかった
はい ・ どちらともいえない ・ いいえ
●会話を続けるポイントが理解できた
はい ・ どちらともいえない ・ いいえ

☆感　想☆
感想のヒント
・○○したことに興味があった。
・○○したのは理解できた。
・○○したのは楽しかった。
・○○ができるようになった。

☆担任の先生から☆
担任の先生に「コミュニケーションのコツ【前編】」でどんなことを学んだか報告して，コメントをいただきましょう。

15 / 15 ©Kumiko TAKADA & Shunsuke KOSEKI, 2020 無断転載・改変を禁じます。

Teacher's Comments
プログラムの感想

　自分から声をかけるスキルに乏しい自閉傾向のある生徒の数名から，「声をかけるタイミングが難しい」，「ちょうどいい声の大きさがわからない」という発言がありました。このことから，相手の様子に合わせ，相手が聞き取りやすい大きさの声を発することに苦戦しているという課題を共有することができました。

生徒が理解しやすい★★★★☆　　生徒の反応がよい★★★☆☆　　実生活に活かせる★★★★☆

08 相談できる人・場所を見つけよう

技法 & アプローチ	援助要請スキル ☞ p.71 ソーシャルスキルトレーニング ☞ p.56 問題解決訓練 ☞ p.68

指導区分（自立活動6区分）

健康の保持	環境の把握
心理的な安定 1 2	身体の動き
人間関係の形成 1 3	コミュニケーション 1 4 5

ポイント解説● すべての人間は，自分ひとりの力では生きていくことができません。様々な人々からの，様々なサポートを受けて生活を送っています。自分では解決できない問題に直面したときには，自分を助けてくれる他者のサポートを上手に求めること，すなわち「援助要請スキル」が必要となるのです。援助要請するためには，やみくもに「助けて〜！」と言うだけではうまくいきません。誰に何を助けてもらうのか，どういう場面であれば助けてもらいやすいのか，しっかりと作戦を立てて取り組むことが必要になります。これをうまく使いこなせるようになれば，社会に出てから戸惑うような場面に直面しても，なんとか乗り越えられるようになるでしょう。

A. 指導目標

援助要請の意義を学び，援助要請の対象や援助要請のスキルを身につける。

B. 指導計画　2単位時間（45分×2回）

時数	主な学習活動
1	相談することの意義，困ったときに相談する相手のリスト化，緊急か否かの判断
2	ひとりでは解決が難しいことへの対処方法と緊急事態の対処方法

C. 評価の観点

【知識・技能】 援助要請する対象を選ぶスキル，援助要請のスキルを身につける。

【思考・判断・表現】 援助要請する対象リストを作成する。援助要請する対象を考え，選択することができる。

【主体的に取り組む態度】 援助要請の意義を学び，援助要請スキルの活かし方を考え，主体的に取り組むことができる。

D．本時の指導

時配 （分）		学習活動	指導上の留意点	準備物
1	5	1．リラクセーション		
	5	2．プログラム04「ストレスとうまく付き合おう」を復習する	・板書の際には，ワークシートと同じように板書しながら空欄を埋める	ワークシート配布
	30	3．相談することのメリットを考える	・相談（援助要請行動）はストレスコーピングの一手段であることを確認 ・ひとりでは解決できない問題も，人の助けを借りれば解決できる可能性があることを確認する	
		4．困ったときに助けてくれるサポーターをリストにし，そのサポーターがどんな相談に適しているか考える		
		5．相談のおきて，緊急事態かそうでないかの判断について考える	・生死に関わることが最も緊急度が高くなるが，それ以外のことも，問題解決にあたるのが早ければ早いほど，楽になるのも早いことを確認する	
	5	まとめ，ふりかえり		
2	5	1．前回の復習	・前回の授業で学んだことを振り返る	
	25	2．ひとりでは解決が難しいことへの対処について考える 　1），2），3）に取り組んだあと，4）は自由に設定する（例えば，進路など）	・それぞれのケースに関して先生とシナリオを作成し，ロールプレイを行う	ワークシート配布
	10	3．緊急事態の対処	・緊急事態で少しでも落ち着いて対応できるために，知識として対処法を身につけることを重視する	資料シート配布
	5	4．まとめと自己評価	・自己評価シートに記入する	自己評価シート配布

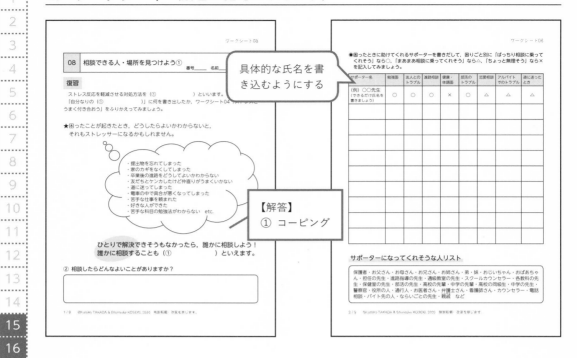

問題解決訓練

　ストレスを感じる状況において，適切に対処するスキルを身につけて，問題解決能力を高めることを目指す方法です。問題を解決するためのアイデアである解決策には，情動焦点型と問題解決型があり，様々なストレスに対処しやすくなるためには，どちらもバランスよくもつことが重要と考えられています。問題解決訓練では，この解決策の案出と評価を分けて行います。解決策を思いついたものの，「現実的ではなさそうだな」とすぐに選択肢から消してしまうのではなく，実際にはできない解決策でも，発展・応用させる余地を残すためです。例えば，学校に行くために，「今週学校行ったら，100万円もらえる」という解決策を思いついたとします。この解決策はあまり現実的とはいえません。でも，少しアレンジを加えて，「今週学校行ったら，土曜日は外食で好きなごはんを食べていい」という，現実的な解決策につなげることが可能です。また，評価については，自分にとってのメリットがあるか，という視点だけではなく，相手にとってもメリットがあるか，あるいは実行可能か，などの観点もポイントとなります。思いついた解決策の中から，自分にとって一番適した解決策を選択し，実際にその解決策を試しに実行してみて，期待した効果が得られたかどうかを振り返るところまでの一連の手続きが重要です。

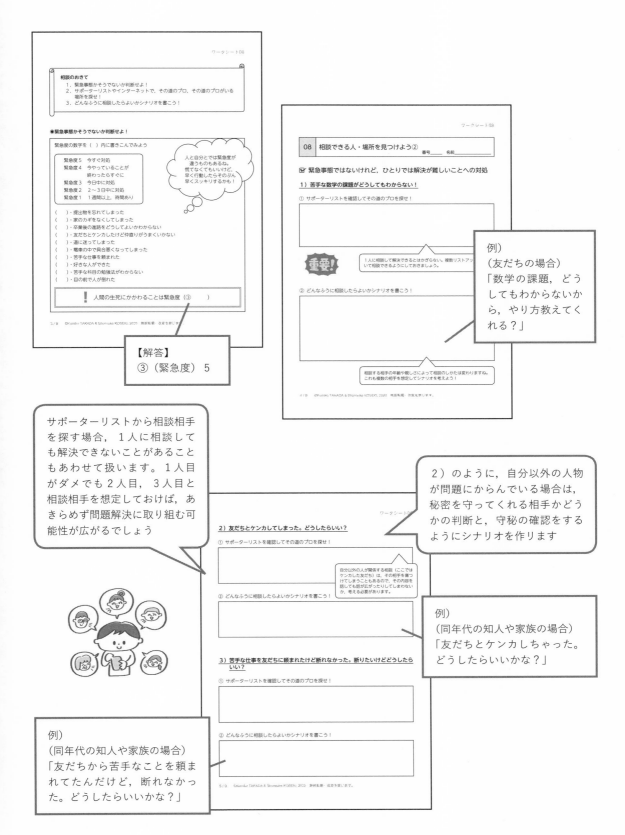

ワークシート08

相談のおきて
1. 緊急事態かそうでないか判断せよ！
2. サポーターリストやインターネットで，その道のプロ，その道のプロがいる場所を探せ！
3. どんなふうに相談したらよいかシナリオを書こう！

●緊急事態かそうでないか判断せよ！

緊急度の数字を（　）内に書きこんでみよう

緊急度5　今すぐ対処
緊急度4　今やっていることが終わったらすぐに
緊急度3　今日中に対処
緊急度2　2〜3日中に対処
緊急度1　1週間以上，時間あり

人と自分とでは緊急度が違うものもあるね。慌てなくてもいいけど，早く行動したらそのぶん早くスッキリするかも！

（　）・提出物を忘れてしまった
（　）・家のカギをなくしてしまった
（　）・卒業後の進路をどうしてよいかわからない
（　）・友だちとケンカしたけど仲直りがうまくいかない
（　）・道に迷ってしまった
（　）・電車の中で具合悪くなってしまった
（　）・苦手な仕事を頼まれた
（　）・好きな人ができた
（　）・苦手な科目の勉強法がわからない
（　）・目の前で人が倒れた

！　人間の生死にかかわることは緊急度（③　）

【解答】
③（緊急度）5

ワークシート08

08　相談できる人・場所を見つけよう②　　番号＿＿＿　名前＿＿＿＿＿＿＿＿

☑ 緊急事態ではないけれど，ひとりでは解決が難しいことへの対処

1）苦手な数学の課題がどうしてもわからない！

① サポーターリストを確認してその道のプロを探せ！

重要！
1人に相談して解決できるとはかぎらない。複数リストアップいて相談できるようにしておきましょう。

② どんなふうに相談したらよいかシナリオを書こう！

相談する相手の年齢や親しさによって相談のしかたは変わりますね。これも複数の相手を想定してシナリオを考えよう！

例）
（友だちの場合）
「数学の課題，どうしてもわからないから，やり方教えてくれる？」

サポーターリストから相談相手を探す場合，1人に相談しても解決できないことがあることもあわせて扱います。1人目がダメでも2人目，3人目と相談相手を想定しておけば，あきらめず問題解決に取り組む可能性が広がるでしょう

2）のように，自分以外の人物が問題にからんでいる場合は，秘密を守ってくれる相手かどうかの判断と，守秘の確認をするようにシナリオを作ります

ワークシート08

2）友だちとケンカしてしまった。どうしたらいい？

① サポーターリストを確認してその道のプロを探せ！

自分以外の人が関係する相談（ここではケンカした友だち）は，その相手を傷つけてしまうこともあるので，その内容を話しても話が広がったりしてしまわないか，考える必要があります。

② どんなふうに相談したらよいかシナリオを書こう！

例）
（同年代の知人や家族の場合）
「友だちとケンカしちゃった。どうしたらいいかな？」

3）苦手な仕事を友だちに頼まれたけど断れなかった。断りたいけどどうしたらいい？

① サポーターリストを確認してその道のプロを探せ！

② どんなふうに相談したらよいかシナリオを書こう！

例）
（同年代の知人や家族の場合）
「友だちから苦手なことを頼まれてたんだけど，断れなかった。どうしたらいいかな？」

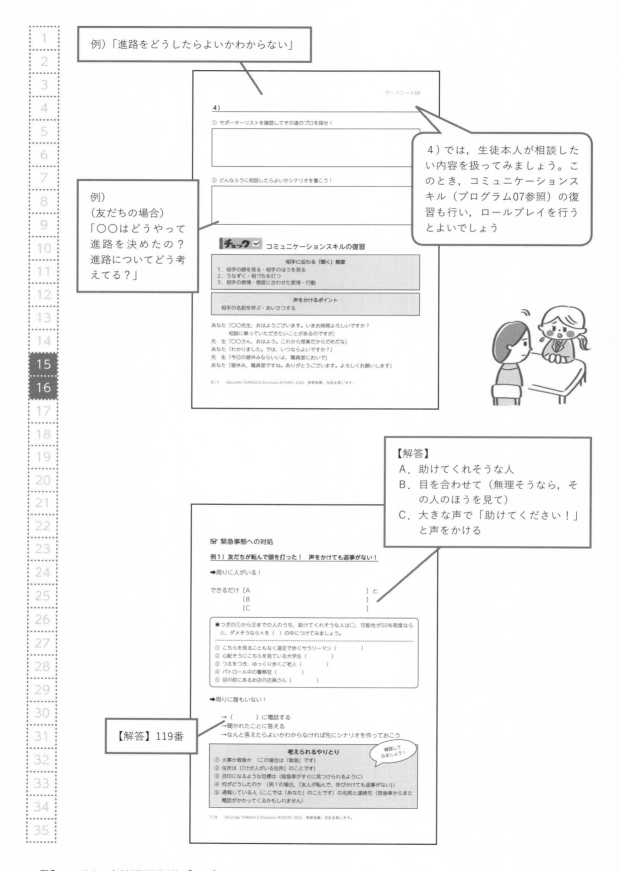

例）「進路をどうしたらよいかわからない」

ワークシート08

4）＿＿＿＿＿＿＿＿＿＿

① サポーターリストを確認してその道のプロを探せ！

② どんなふうに相談したらよいかシナリオを書こう！

例）
（友だちの場合）
「〇〇はどうやって
進路を決めたの？
進路についてどう考
えてる？」

4）では，生徒本人が相談した
い内容を扱ってみましょう。こ
のとき，コミュニケーションス
キル（プログラム07参照）の復
習も行い，ロールプレイを行う
とよいでしょう

チェック✓ コミュニケーションスキルの復習

相手に伝わる「聞く」態度
1．相手の顔を見る・相手のほうを見る 2．うなずく・相づちを打つ 3．相手の表情・態度に合わせた表情・行動

声をかけるポイント
相手の名前を呼ぶ・あいさつする

あなた「〇〇先生，おはようございます。いまお時間よろしいですか？
　　　　相談に乗っていただきたいことがあるのですが」
先　生「〇〇さん，おはよう。これから授業だからだめだな」
あなた「わかりました。では，いつならよいですか？」
先　生「今日の昼休みならいいよ，職員室においで」
あなた「昼休み，職員室ですね。ありがとうございます。よろしくお願いします」

6/9　©Kumiko TAKADA & Shunsuke KOISEKI, 2020　無断転載・改変を禁じます。

【解答】
A．助けてくれそうな人
B．目を合わせて（無理そうなら，そ
　　の人のほうを見て）
C．大きな声で「助けてください！」
　　と声をかける

☑ 緊急事態への対処

例1）友だちが転んで頭を打った！　声をかけても返事がない！

➡周りに人がいる！

できるだけ　[A　　　　　　　　　　　　　　] と
　　　　　　[B　　　　　　　　　　　　　　]
　　　　　　[C　　　　　　　　　　　　　　]

●つぎの①から⑤までの人のうち，助けてくれそうな人は○，可能性が50％程度なら
　△，ダメそうなら×を（　）の中につけてみましょう。
------
① こちらを見ることもなく速足で歩くサラリーマン（　　　）
② 心配そうにこちらを見ている大学生（　　　）
③ つえをつき，ゆっくり歩くご老人（　　　）
④ パトロール中の警察官（　　　）
⑤ 目の前にあるお店の店員さん（　　　）

➡周りに誰もいない！

→（　　　　　）に電話する
→聞かれたことに答える
→なんと答えたらよいかわからなければ先にシナリオを作っておこう

【解答】119番

考えられるやりとり
① 火事か救急か（この場合は「救急」です）
② 住所は（「けが人がいる住所」のことです）
③ 目印になるような目標は（救急車がすぐに見つけられるように）
④ 何がどうしたのか（例1の場合，「友人が転んで，呼びかけても返事がない」）
⑤ 通報している人（ここでは「あなた」のことです）の名前と連絡先（救急車からまた
　電話がかかってくるかもしれません）

練習して
みましょう！

7/9　©Kumiko TAKADA & Shunsuke KOISEKI, 2020　無断転載・改変を禁じます。

ワークシート08

119番 豆知識

固定電話：近くの消防本部につながります。
公衆電話：電話機のそばに住所表記があるので探しましょう。
携帯電話：どこの消防につながるかわからないので，いま自分がどこにいるのか確認しておく必要があります。住所がわからないときはまず電柱を探します。近くに電柱がない場合は通行人に聞く，通行人がいない場合は○○市，○○区，近くの駅名，特徴的な建物を伝えましょう。住所を言ったあとに近くの消防に転送される間，無音になる場合があります。電話を切らずに待ちましょう。

例2）電車の中で具合が悪くなった！

➡① 動けそうなら一番近い駅で電車を降り，ホームで休む。
（たとえ急いでいても，無理をして倒れてしまうと大変です）

② 歩行者に
「すみません，具合が悪いので駅員さんを呼んでもらえませんか」
と声をかけ，駅員さんを呼んでもらう。

③ 落ち着いたら家族や担任の先生に連絡する。

➡① 気を失いそうになったとき（例　手足が極端に冷たくなったり，視界が急に暗くなったり，音が遠のいたりしたとき）は，動くと危ない。
その場にしゃがみ込みましょう。
周りから声をかけられたら，どこが具合悪いのかを伝えましょう。

② 助けてもらったら「ありがとうございます」を忘れずに。

③ 落ち着いたら家族や担任の先生に連絡する。

8 / 9　©Kumiko TAKADA & Shunsuke KOSEKI, 2020　無断転載・改変を禁じます。

ワークシート08

08	相談できる人・場所を見つけよう　自己評価 番号＿＿＿　名前＿＿＿＿＿＿＿＿＿＿

☆自己評価☆

◉相談することの大切さがわかった

はい　・　どちらともいえない　・　いいえ

◉相談する内容によって相手や場所が変わることが理解できた

はい　・　どちらともいえない　・　いいえ

◉相談のしかたがわかった

はい　・　どちらともいえない　・　いいえ

☆感　想☆

感想のヒント
・○○したことに意味があった。
・○○したのは理解できた。
・○○したのは楽しかった。
・○○ができるようになった。

☆担任の先生から☆

担任の先生に「相談できる人・場所を見つけよう」でどんなことを学んだか報告して，コメントをいただきましょう。

9 / 9　©Kumiko TAKADA & Shunsuke KOSEKI, 2020　無断転載・改変を禁じます。

技法&アプローチ 解説

援助要請スキル

人に助けを求めるスキルのことを「援助要請スキル」といいます。認知行動療法では，自分で何もかもできるようになることを目指すわけではなく，できないことは周囲の人に手伝ってもらったり助けてもらったりすることで，できることが増えるという考え方をします。そのため，困ったときにヘルプを求めることは大事なスキルのひとつであり，まずは，「人を頼ってもいいんだ」という視点をもつことが重要です。援助を求めるときには，自分が何に困っているかをアピールする必要がありますが，そのためには困っていることを整理して，わかっておく必要があります。また，援助を求める相手をうまく選べるようになることも重要です。例えば，友人関係の問題はクラスメイトの○○君に相談するけれど，勉強の悩みごとは担任の先生に相談する，などが考えられます。

Teacher's Comments
プログラムの感想

生徒にとって相談することは容易ではないようなので，一人ひとりの困難さについて対話し，尊重することが大切でした。その上で，実際に自分が抱えている問題ではなく，ワークシートの課題をもとにロールプレイすることで，安全かつポイントをおさえた学習体験となったと感じられました。

生徒が理解しやすい★★★★☆　生徒の反応がよい★★★☆☆　実生活に活かせる★★★★★

09 ベストのパフォーマンスをするには

技法 & アプローチ	セルフモニタリング ☞ p.31 ソーシャルスキルトレーニング ☞ p.56

指導区分（自立活動6区分）

健康の保持 ① ④ ⑤	環境の把握 ② ③ ⑤
心理的な安定 ① ② ③	身体の動き
人間関係の形成 ① ③	コミュニケーション ① ④ ⑤

ポイント解説● 人には必ず調子の波があります。特に敏感な子どもたちは，気圧の変化（天気が悪くなると機嫌も悪くなる）や状況の変化（いつもと違う要素があると戸惑う）に弱いともいわれています。普段の生活のなかでも，自分のベストのパフォーマンスができると，自信もつき，取り組みに対しても満足度が高まることが期待されます。このプログラムでは，自分の行動のコントロールに加えて自分の周りの人も含めた生活環境のコントロールに取り組むことで，自分のできることを確実にできるようになることを目指します。調子が良いときは頑張りすぎずに7割程度のパフォーマンスを目指し，調子が悪くてもあきらめないで7割程度のパフォーマンスを達成できるようなイメージをもつことがよいでしょう。

A. 指導目標

　生活リズムや時間の管理，整理整頓をすることに対して，自分のコントロール感を高めるためによりよい工夫を考えることができる。

B. 指導計画　2単位時間（45分×2回）

時数	主な学習活動
1	生活のリズムを整える工夫について考える
2	体調と気分を安定させる工夫について考える

C. 評価の観点

【知識・技能】 体調や気分を安定させるには，自分の特徴に合わせた工夫を考える必要があることを学ぶことができる。

【思考・判断・表現】 自分の特徴に合わせた工夫を考えることができる。

【主体的に取り組む態度】 体調や気分を安定させることの意義を学び，自分の特徴に合わせた工夫を考え，定着させる努力ができる。

D．本時の指導

時配 （分）		学習活動	指導上の留意点	準備物
1	5	1．リラクセーション		
	10	2．「ベストなパフォーマンスで試験を受けるにはどんな工夫ができるだろう？」について考えることを提示	・板書の際には，ワークシートと同じように板書しながら空欄を埋める	ワークシート配布
	5	3．(1)目覚めてから玄関を出るまで，どんなパターンで過ごしているかモニタリングする		
		4．(2)スッキリ起きられたときは何がよかったのか考える	・具体的な行動がわかるように丁寧に振り返る	
	10	5．(2)を生かしながら，(3)スッキリ起きられたときのパターンをもとに，目覚めてから玄関を出るまでのパターンを作る		
	10	6．眠くなるリズム作りの穴埋めを考える	・解答を提示	
		7．3週間チャレンジの目標を考える	・行動レベルの目標であるか確認する	
	5	8．まとめ，ふりかえり	・ホームワークの提示：定着させるために3週間実施。1週間につき1枚配布する	ホームワーク（1週間）分配布
2	10	1．前回の復習，セルフモニタリングの確認	・前回の授業で学んだこと，セルフモニタリングの振り返りを行う ・次のプログラムにまたがるが，ホームワークを配布する	ワークシート配布 ホームワーク配布
	10	2．体調を整えるためにどんなことを工夫しているかを確認	・体調を整えるためには工夫が必要であることを学ぶ	
	15	3．ストレスとうまく付き合う方法について復習。また日頃からストレスコーピングを心がけることを確認		
		4．これまでの経験を振り返り，パニックの予防策と対処法を考える		
	5	5．効果的な休憩の取り方と集中の仕方について考える		
	5	6．まとめと自己評価	・自己評価シートに記入する	自己評価シート配布

E. ワークシート（解答と指導のポイント）

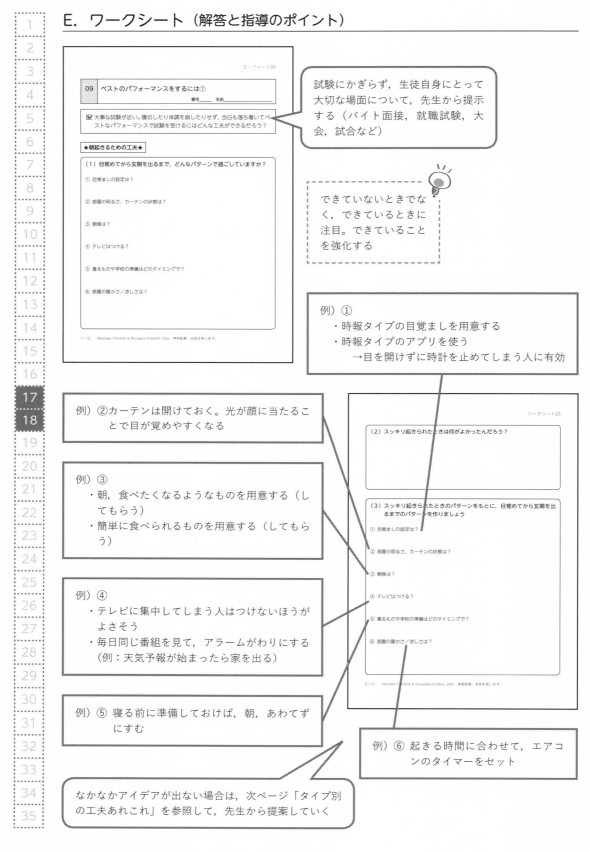

ワークシート09

09	ベストのパフォーマンスをするには①

番号＿＿＿　名前＿＿＿＿＿＿

☑ 大事な試験が近い。寝坊したり体調を崩したりせず，当日も落ち着いてベストなパフォーマンスで試験を受けるにはどんな工夫ができるだろう？

★朝起きるための工夫★

（1）目覚めてから玄関を出るまで，どんなパターンで過ごしていますか？

① 目覚ましの設定は？

② 部屋の明るさ，カーテンの状態は？

③ 朝食は？

④ テレビはつける？

⑤ 着るものや学校の準備はどのタイミングで？

⑥ 部屋の暖かさ／涼しさは？

1 / 12　©Kumiko TAKADA & Shunsuke KOSEKI, 2020　無断転載・改変を禁じます。

試験にかぎらず，生徒自身にとって大切な場面について，先生から提示する（バイト面接，就職試験，大会，試合など）

できていないときでなく，できているときに注目。できていることを強化する

例）①
・時報タイプの目覚ましを用意する
・時報タイプのアプリを使う
　→目を開けずに時計を止めてしまう人に有効

例）②カーテンは開けておく。光が顔に当たることで目が覚めやすくなる

例）③
・朝，食べたくなるようなものを用意する（してもらう）
・簡単に食べられるものを用意する（してもらう）

例）④
・テレビに集中してしまう人はつけないほうがよさそう
・毎日同じ番組を見て，アラームがわりにする（例：天気予報が始まったら家を出る）

例）⑤ 寝る前に準備しておけば，朝，あわてずにすむ

ワークシート09

（2）スッキリ起きられたときは何がよかったんだろう？

（3）スッキリ起きられたときのパターンをもとに，目覚めてから玄関を出るまでのパターンを作りましょう

① 目覚ましの設定は？

② 部屋の明るさ，カーテンの状態は？

③ 朝食は？

④ テレビはつける？

⑤ 着るものや学校の準備はどのタイミングで？

⑥ 部屋の暖かさ／涼しさは？

2 / 12　©Kumiko TAKADA & Shunsuke KOSEKI, 2020　無断転載・改変を禁じます。

例）⑥ 起きる時間に合わせて，エアコンのタイマーをセット

なかなかアイデアが出ない場合は，次ページ「タイプ別の工夫あれこれ」を参照して，先生から提案していく

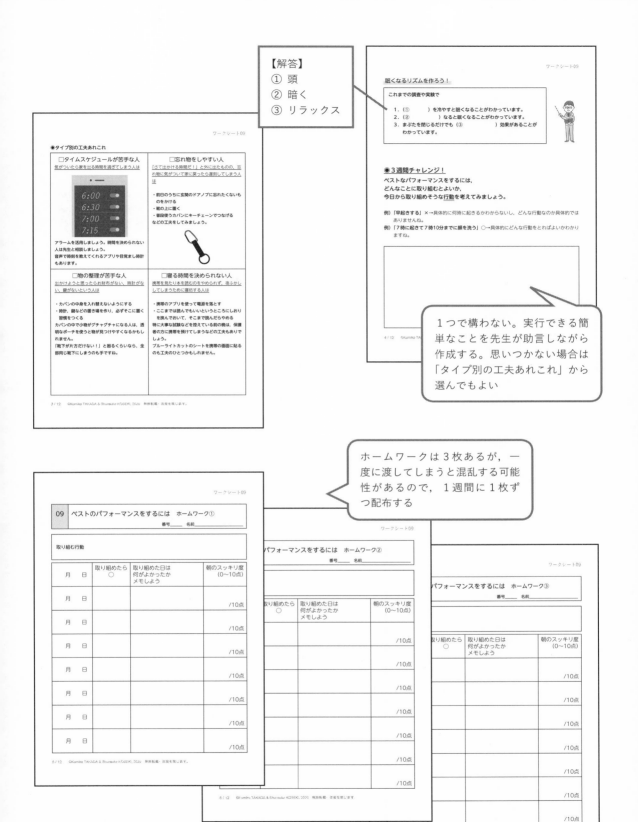

もし，まったく工夫を
していないようなら，
先生が行っていること
を伝えて，フィード
バックするとよい

発達障害がある場合，ストレッサーを認知
しにくいという特徴が見られることがあ
る。例としてあげている内容から生徒の特
徴をアセスメントする

ワークシート09

09	ベストのパフォーマンスをするには②

番号　　　名前

☑ 大事な試験が近い。寝坊したり体調を崩したりせず，当日も落ち着いてベ
ストなパフォーマンスで試験を受けるにはどんな工夫ができるだろう？

★日頃から体調を整える工夫★

① あなたは体調を整えるためにどんなことを工夫していますか？

復習　ストレスとうまく付き合おう（ワークシート04参照）

● ストレッサーに気がついたら
>> A. ストレッサーを（②　　　　　　　）か考える
（例）
・部屋が暑い　→　エアコンのスイッチ ON
・騒音　→　耳栓をする

>> B. ストレッサーを取り除けなかったら，コーピングを考えて実行してみる

あなたがストレスを感じたときに使えそうなコーピングにはどのようなものがあ
りましたか？　新しくみつけたコーピングはありませんか？

③ あなたのコーピングは？

5 / 12　©Kumiko TAKADA & Shunsuke KOSEKI, 2021　無断転載・改変を禁じます。

ワークシート09

🖋 ストレッサーに気がつかなくても，疲れを感じなくても

日頃からストレスをためないようにストレスコーピングを心がけよう！

例えば

・気温の変化をあまり感じなくても，気温を確認して衣服を調節しよう
　上着を脱いで半袖になるタイミング，ジャンパーやコートを着るタイミングがよくわから
　なかったら，まねする人を決めておく，気温で脱ぎ着するタイミングを決めておくなど，
　工夫しましょう。

・暑い日（28度以上）は，2時間に一度を目安にコップ1杯程度の水を飲もう
　気温が28度以上になると，熱中症になるリスクが高まります。

・ケガをしたり頭をぶつけたりしたら，痛くなくても誰かに相談しよう
　出血していなかったり，腫れたりしていなくても，大きなケガの可能性もあります。保健
　室の先生，担任の先生，保護者の方など相談しやすい人に援助要請しましょう。

★パニックの予防と起きてしまったときの対処★

☑ あなたはこんな経験がありますか？

・混乱してしまい，どうしたらよいかわからなくて身動きが取れなくなった
　　　　　　　　　　　　　　　　　　　　よくある　・　たまにある　・　ない

・後から振り返っても何が起きたか覚えていない
　　　　　　　　　　　　　　　　　　　　よくある　・　たまにある　・　ない

※何かがきっかけとなり，混乱してしまい身動きが取れないことを「パニック状態」といいます。

これまでになったことがない人も今後起きるかもしれません。一緒に考えてみましょう。

④ あなたのパニックはどんなことがきっかけになりますか？

★考え方のヒント

パニックが起きてし
まったときの直前に
は何があったかな？

8 / 12　©Kumiko TAKADA & Shunsuke KOSEKI, 2021　無断転載・改変を致します。

例）
・握手を求められる
・人に体を触られる
・大きな音や声
・嫌いなにおい
・急な予定変更
・自分の意見が認められない
・馬鹿にされた　など

パニックに陥るときは，必ず直前に
きっかけとなる「刺激」があります。
この刺激をコントロールすることでパ
ニックを予防できる場合もあります。
パニックに関する刺激は個人で避ける
ことが難しいため，学校側で刺激をコ
ントロールできる場合は適宜検討する
必要もあります

…76…　IV　高校通級指導プログラム

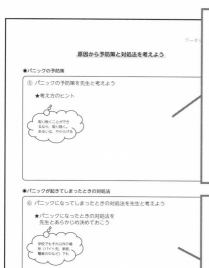

例)
・握手を求められる　→　断り方を考えておく
・人に体を触られる　→　苦手であることをあらかじめ伝える
・大きな音や声，嫌いなにおい　→　人の多いところでは耳栓やマスクを着用する。そうした対処について，周りに理解を求める
・急な予定変更　→　どのように伝えてほしいか相談する（例：全体に連絡する前に，個別に伝えてもらう）
・自分の意見が認められない　→　自分のゆずれない「こだわりポイント」を説明できるようにする
・馬鹿にされた　→　どうするか考えておく

原因から予防策と対処法を考えよう

◉パニックの予防策
⑤ パニックの予防策を先生と考えよう
★考え方のヒント
取り除くことができるなら、取り除く。あるいは、やわらげる

◉パニックが起きてしまったときの対処法
⑥ パニックになってしまったときの対処法を先生と考えよう
★パニックになったときの対処法を先生とあらかじめ決めておこう
学校でもそれ以外の場所（バイト先、家庭、電車の中など）でも

例)
・気持ちが落ち着くまでその場を離れる（その場を離れる際の合図を決めておく）
・行く場所はあらかじめ決めておく（静かで落ち着ける，人のいない場所）
・そのような行動を取ることを周りにも伝える
・メモを準備する方法も有効

断り方，伝え方を考え，セリフまで確認して練習を行う

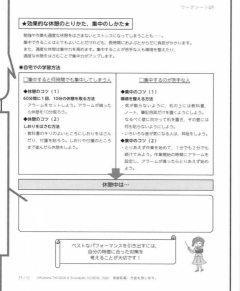

集中すると何時間でも作業を続けてしまうタイプと，集中するのが苦手なタイプ，それぞれを確認する

例)
・飲み物を飲む
・ストレッチをする
・外に出て日の光を浴びる
・筋弛緩法などのリラクセーションを行う

★効果的な休憩のとりかた，集中のしかた★
勉強や作業も過度な休憩をはさまないとストレスになってしまうことも……。
集中できることはとてもよいことだけれども、長時間におよぶとからだに負担がかかります。
また、適度な休憩は集中力を高めます。集中することが苦手な人も環境を整えたり、適度な休憩をはさむことで集中力がアップします。

◉自宅での学習方法

□集中すると何時間でも集中してしまう人
◆休憩のコツ（１）
60分間に1回、10分の休憩を取る方法
・アラームをセットしよう。アラームが鳴ったら休憩を10分取ろう。
◆休憩のコツ（２）
しおりをはさむ方法
・教科書のキリのよいところにしおりをはさんだり、付箋を貼ろう。しおりや付箋のところまで進んだら休憩をしよう。

□集中するのが苦手な人
◆集中のコツ（１）
環境を整える方法
・気が散らないように、机の上には教科書、ノート、筆記用具だけを置くようにしよう。なるべく壁に向かって机を置き、その壁には何も貼らないようにしよう。
・いろいろな音が気になる人は、耳栓をしよう。
◆集中のコツ（２）
・とりあえず作業を始めて、1分も2分も続けてみよう。作業開始の時間にアラームを設定し、アラームが鳴ったらとりあえず始めよう。

休憩中は…

ベストなパフォーマンスを引き出すには、自分の特徴に合った対策を考えることが大切です！

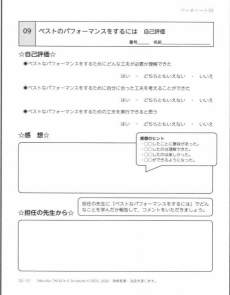

09　ベストのパフォーマンスをするには　自己評価
番号_____　名前_____

☆自己評価☆
◉ベストなパフォーマンスをするためにどんな工夫が必要か理解できた
　　　　　　　　はい ・ どちらともいえない ・ いいえ
◉ベストなパフォーマンスをするために自分に合った工夫を考えることができた
　　　　　　　　はい ・ どちらともいえない ・ いいえ
◉ベストなパフォーマンスをするための工夫を実行できると思う
　　　　　　　　はい ・ どちらともいえない ・ いいえ

☆感想☆
感想のヒント
・○○したことに興味があった。
・○○したのは理解できた。
・○○したのは楽しかった。
・○○ができるようになった。

☆担任の先生から☆
担任の先生に「ベストなパフォーマンスをするには」でどんなことを学んだか報告して、コメントをいただきましょう。

Teacher's Comments　プログラムの感想

　パニックについての学習は，指導の際に，かえって症状を賦活させてしまうのではないかという懸念もありましたが，パニックを体験したことのある生徒は関心をもって学習をしていました。体験が肯定され，客観視することで安心感が得られたように感じられました。

生徒が理解しやすい★★★☆☆　　生徒の反応がよい★★★★☆　　実生活に活かせる★★★★☆

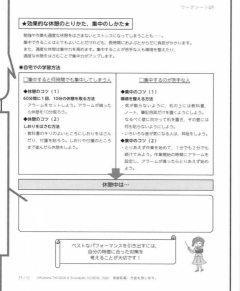

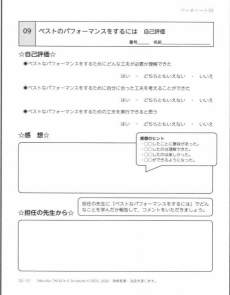

10 約束を守るためのコツ

技法 & アプローチ	セルフモニタリング ☞ p.31 ソーシャルスキルトレーニング ☞ p.56

指導区分（自立活動 6 区分）

健康の保持 ① ④ ⑤	環境の把握 ② ③ ⑤
心理的な安定 ① ② ③	身体の動き
人間関係の形成 ① ③	コミュニケーション ① ④ ⑤

ポイント解説● 日々の対人関係でしばしばトラブルの種になりがちなもののひとつに「約束」があります。意図的に約束を破ってしまうことは少なく，誤解（午後4時集合？ 14時？ どっちだっけ？）や単に忘れてしまったなど，確認不足であることがほとんどです。また，社会に出て仕事上の約束を守れないと，理由の如何（いかん）にかかわらず，本人だけではなく周囲にも多大な不利益が生じてしまう可能性があります。このような事態を避けるために，本プログラムでは自分のスケジュールを適切にマネジメントし，様々なツールを用いてコントロールすることを目的としています。将来に向けても必要な課題として取り組んでいただきたいプログラムです。

A. 指導目標

対人関係上のトラブルの発生を予防するための方法のひとつとして，スケジュール管理のポイントを理解するとともに，約束を守ることができない場合の対処について考えることができる。

B. 指導計画　2単位時間（45分×2回）

時数	主な学習活動
1	生活のリズムやスケジュール管理に関してどのような工夫ができるかを学ぶ
2	生活のリズムやスケジュール管理について学んだことをもとに，自分に適したスケジュールを立てることができる

C. 評価の観点

【知識・技能】生活リズムやスケジュール管理に関してどのような工夫ができるか学ぶことができる。

【思考・判断・表現】自分の特徴に合わせた工夫や計画を考えることができる。

【主体的に取り組む態度】生活リズムを整えることやスケジュール管理の意義を学び，自分の特徴に合わせた工夫を考え，定着させる努力ができる。

D. 本時の指導

時配 (分)		学習活動	指導上の留意点	準備物
1	5	1．リラクセーション		ワークシート 配布
	5	2．プログラム09「ベストのパフォーマンスをするには」のセルフモニタリング（ホームワーク②）の確認	・板書の際には，ワークシートと同じように板書しながら空欄を埋める	
	15	3．「駅で待ち合わせ」の例について，約束を守るためのコツについて考えることを提示，状況の確認をする	・約束が2週間後であること，駅までの道のりや交通機関に関してどの程度知っているか，確認しながら考える	
		4．約束を守るためのコツ❶ (1)スケジュール管理がうまくいっているときの自分の工夫についてモニタリングする (2)スケジュール管理のためにどのようなツールが自分に適しているか考える	・友だちとの待ち合わせ，バイトの面接など，約束を守れたときの工夫について考える ・実際にツールを用意して，本人が自分に適しているものを選べるように支援する	システム手帳，スマートフォン
	15	5．約束を守るためのコツ❷ 行動のスケジューリングの仕方を学ぶ	・ホームワークの配布と説明（プログラム09のホームワーク③も）	ホームワーク（プログラム09と今回分）配布
	5	6．まとめ，ふりかえり	・授業で学んだことを振り返る	
2	5	1．リラクセーション		
	10	2．ホームワークの確認 ①プログラム09のホームワーク③ ②前回授業のホームワーク	・3週間続いた行動は習慣化することと，今後も続けて行くことを確認する ・前回の授業で学んだことを振り返る	
	10	3．ホームワークでわかったことをもとにスケジューリングしてみる	・逆算スケジュールの支援	ワークシート配布
	5	4．約束を守るためのコツ❸ プログラム09で学んだ「朝起きるための工夫」について復習する		
	10	5．約束を守るためのコツ❹ 迷わないための工夫について考える	・(1)~(3)の方法を説明する ・(4)セリフを考えて練習する	
		6．待ち合わせに間に合わないときの対処を考える		
		7．約束を守るコツは提出物の締切を守ることなどにも応用できることを学ぶ 約束を守れないときの対処を学ぶ	・先生が相手となり，練習する	
	5	8．まとめと自己評価	・自己評価シートに記入する	自己評価シート配布

E. ワークシート（解答と指導のポイント）

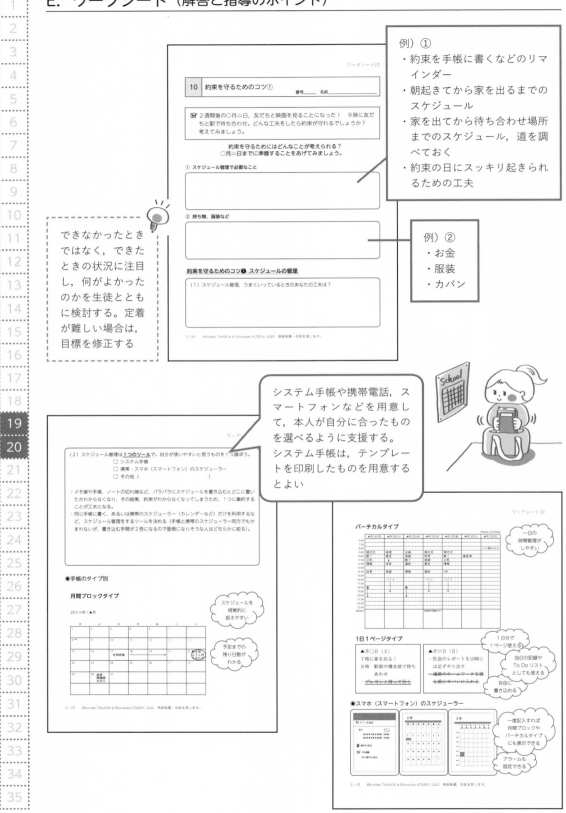

例）①
・約束を手帳に書くなどのリマインダー
・朝起きてから家を出るまでのスケジュール
・家を出てから待ち合わせ場所までのスケジュール，道を調べておく
・約束の日にスッキリ起きられるための工夫

できなかったときではなく，できたときの状況に注目し，何がよかったのかを生徒とともに検討する。定着が難しい場合は，目標を修正する

例）②
・お金
・服装
・カバン

システム手帳や携帯電話，スマートフォンなどを用意して，本人が自分に合ったものを選べるように支援する。
システム手帳は，テンプレートを印刷したものを用意するとよい

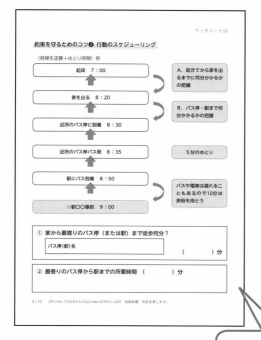

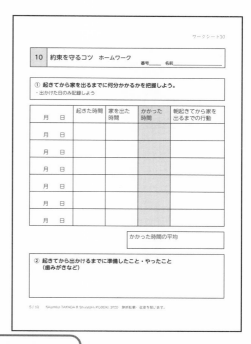

① 家から最寄りのバス停（駅）まで
　徒歩何分かを確認する
② バス停から駅まで何分かかるかを
　確認する

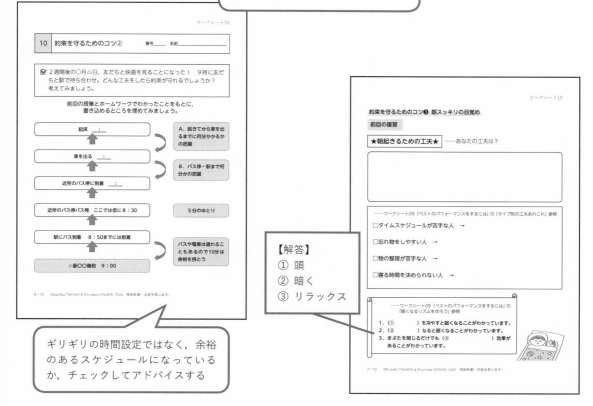

ギリギリの時間設定ではなく，余裕
のあるスケジュールになっている
か，チェックしてアドバイスする

【解答】
① 頭
② 暗く
③ リラックス

10　約束を守るためのコツ　…81…

簡単に課題がクリアできる
生徒には，別の場所と時間
を指定して考えさせてもよ
い

時間があれば，パソコンを活用
してバスや電車の時刻を調べる
ための支援をする（支障がなけ
れば，本人の生活に定着させる
ために，本人の携帯やスマート
フォンで調べてみる）

約束を守るためのコツ❹ 迷わないための工夫
（1）携帯やスマホ（スマートフォン）の地図機能の活用
（2）実際に行ってみて，道順に特徴のある目印を撮影しておく
（3）自信のないところまで迎えにきてもらう，あるいは誰かと一緒に行く
（4）迷ったら誰かに援助要請する

道に迷ったとき，どのように話しかけますか？

プログラム07「コミュ
ニケーションのコツ【前
編】」で学んだ声のかけ
方を復習し，記入する。
用件の伝え方，謝罪のし
かたを先生が実演する

約束を守るための工夫
は，待ち合わせ，提出
物など学校生活だけで
はなく，社会に出てか
らも必要なスキルであ
ることを補足する

⁉ 準備万端でも，バスが遅れたりして待ちあわせ時間が守れないような
こともあります。そのときはどうしたらよいでしょうか？
場面：友だちとの約束に10分遅刻しそう。友だちは携帯を持っています。

名乗る	
誰あて	
用件	
最後のあいさつ	

場面：バイトの面接に遅刻しそう。お店の電話番号と店長さんの名前はわかる。

名乗る	
誰あて	
用件	
最後のあいさつ	

8 / 10　©Kazuhiko TAKAGA & Shunsuke KOSEKI 2020　無断転載　改変を禁じます。

例）友だちとの約束に遅刻しそう
名乗る　→「もしもし，タロウだけど」
誰あて　→「カンタくん？」
用件　→「ごめん，バスが遅れたんで約
　　　　束に10分遅れそう。少し
　　　　待っててくれるかな」
最後のあいさつ　→「じゃ，あとでね」

例）バイトの面接に遅刻しそう
名乗る　→「もしもし，〇時にバイトの面接の約束をし
　　　　ております，スズキタロウと申します」
誰あて　→「店長さんは今いらっしゃいますか」
用件　→「申し訳ありません，〇時にお約束していたス
　　　　ズキですが，電車が遅れてしまい10分ほど
　　　　遅れそうです。お時間は大丈夫でしょうか」
最後のあいさつ　→「では，のちほどよろしくお願いい
　　　　たします。失礼いたします」

特に表情認知の苦手な生徒や感情表現の苦手な生徒に対しては，態度や表情を
丁寧に伝える。また，これまでの体験から，謝る際に笑う癖がある生徒もい
る。そのような生徒は，その癖が身を守る手段になっていることも考えられる
ことから，無理強いや否定はせず，笑わずに謝罪する態度を実演で示す

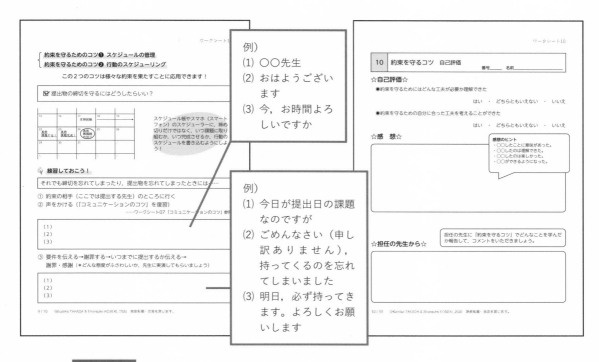

技法 & アプローチ 解説

表情認知（他者感情理解）

　表情認知とは，他者の表情から感情（喜び，驚き，恐怖，怒り，嫌悪，悲しみ，幸福など）を読みとり，理解することをいいます。私たちは，人の表情や視線などの非言語的なコミュニケーションから，様々な状況の想像をしています（例：「友だちがうれしそうにしている」「先生に怒られて悲しそうにしている」など）。生徒が，感情認知のスキルや他者への感情理解のスキルを身につけるには，表情と感情が一致しているか，表情から感情を読みとることができるか，状況を思い浮かべることができるか，感情を表情で表現する方法を知っているかどうか，表情から感情を読みとれているかを確認した上で，練習をすることが有効です。表情と感情が一致していない場合は，顔写真と言葉が書かれたカードなどを用いて，表情の理解や感情の理解を示していくのも効果的です。また，他者の感情理解が難しい生徒には，自分の感情を理解することや表現することから促していくとよいでしょう。

Teacher's Comments
プログラムの感想

　スケジュールの立て方も様々でした。早く予定を立てると不安を感じる時間が長くなるので直前に立てる生徒，予定が狂うことを避けるために予定を立てない生徒，「200m 先に見えるバス停まで歩けば５分かかる」といった身体感覚を伴う予想が難しい生徒など，一人ひとりの特性理解が深まりました。

生徒が理解しやすい★★★☆☆	生徒の反応がよい★★★★☆	実生活に活かせる★★★★★

11 あいつが悪い!? 私はダメなやつ!?

技法 & アプローチ	認知再構成法 ☞ p.93

指導区分（自立活動6区分）

健康の保持 ⑤	環境の把握 ② ⑤
心理的な安定 ① ②	身体の動き
人間関係の形成 ① ③	コミュニケーション ① ④ ⑤

ポイント解説● 普段，私たちは，「出来事」と「感情」は直接結びついていると捉えています。「怒られる」と「悲しい」，「ほめられる」と「うれしい」のような関係が，一般的な理解でしょう。ただし，実際には出来事と感情の間には「認知（考え方）」という要素が存在します。認知は「心のつぶやき」とイメージしていただくとよいでしょう。怒られたときに「自分はダメな奴だ」と心がつぶやけば悲しくなりますが，「先生は自分に期待して怒ってくれている」と心がつぶやけばうれしくなったりやる気が出てくるかもしれません。このような，普段気づかない心のつぶやきに気づき，つぶやきにはいろいろなものがあることを知って，自分を応援してくれるようなつぶやきを見つけられると，普段の生活も楽になることがあるはずです。あまりなじみのない内容なので，生徒の反応もよいようです。

A．指導目標

認知の偏りが行動の幅を狭めたり，よりよい人間関係の構築の妨げになったり，ストレッサーになることを理解する。また，認知の偏りへの対処法を身につけ，自分の認知の特徴に目を向ける必要性を学ぶ。

B．指導計画　2単位時間（45分×2回）

時数	主な学習活動
1	出来事－考え（認知）－感情－行動の仕組みについて理解することができる
2	認知の偏りがどのような影響を与えるか考え，認知のバランスをとる方法を学ぶことができる

C．評価の観点

【知識・技能】 認知の偏りが行動の幅を狭めたり，よりよい人間関係構築の妨げになったり，ストレッサーになることを理解できる。認知の偏りへの対処法を学ぶことができる。

【思考・判断・表現】 自身の認知の特徴に目を向ける必要性について考えることができる。

【主体的に取り組む態度】 自らの認知の特徴について考えることができる。

D. 本時の指導

時配 （分）	学習活動	指導上の留意点	準備物
1	5　1．リラクセーション 5　2．これまで学んできた認知の仕組み「同じ出来事でも認知によって感情が変わること」に関して復習を行う 10　3．感情について考え，ワークシートに書かれた感情で感じたこと，あるいは感じたことのない感情について印をつける。 10　4．「ある日，忘れ物をしたことを黙っていたら〜」の例題の空欄を埋め，(1)と(2)の課題に取り組む 10　5．「メールの返信が来ない」「いつも一緒に〜」の事例に関して考え，認知が感情や行動に影響を与えることを確認する 5　6．まとめ，ふりかえり	・板書の際には，ワークシートと同じように板書しながら空欄を埋める ・自然と湧いてくる感情を否定するのではなく，その感情を受容することが重要 ・同じ出来事に対して1つの認知ではなく多くの認知を考える必要性を学ぶ ※事例に関してたくさんの認知が思いつかない場合には先生が提示する ・授業で学んだことを振り返る	ワークシート配布
2	5　1．リラクセーション，前回のふりかえり 10　2．楽になれる考え方のコツ❶に関して学ぶ 20　3．楽になれる考え方のコツ❷について考える 　　4．ポイントに基づき，「自分は悪くない，あいつが悪い」と「自分はダメ人間だ」に関して考える 10　5．リラクセーション法，まとめ，自己評価	・前回の授業で学んだことを振り返る ・自己評価シートに記入する	ワークシート配布 自己評価シート配布

アンガーマネジメント

　怒りの感情とうまく付き合い，適切に対処するスキルを身につけることを「アンガーマネジメント」といいます。アンガーマネジメントでは，最初に怒りの仕組みを学びます。怒りは第二次感情ともいわれており，できごとに対する捉え方によって怒りの感じ方も変わってきます。それから，怒りを感じたあとの行動の選択肢を増やしたり，コーピング方法を身につけたりすることを学びます。自分の感情を言葉で伝えることが苦手な人は，衝動的に自分を傷つけたり，暴力を振るったりなどの問題行動によって，怒りを発散する傾向があるといわれています。怒りは大事な感情であり，抑えたり，なくしたりすることを目指すのではなく，上手にコントロールできるようになることを目指すのが，アンガーマネジメントの考え方です。

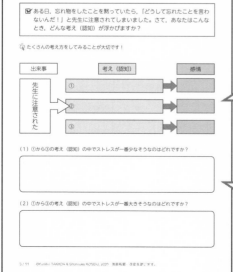

ワークシート11

11 あいつが悪い!? 私はダメなやつ!?①

番号＿＿＿ 名前＿＿＿＿＿＿

復習

出来事　　　　　　　認知（考え方）　　　感情（気持ち）

出来事：遊園地でジェットコースターに乗ろうと誘われた → 落ちるかもしれない → a.
→ 落ちるわけない → b.

同じ出来事でも，考え方によって，感じること（気持ち）は変わる。

気に入っているけどちょっと派手かなって思う新しい服を着て電車に乗ったら視線を感じた → c. → 悲しい
→ d. → 嬉しい

考え（認知）によって感じることが変わることを以前に学びました。それでも，最初に思い浮かぶ認知は自動思考といって自動的に思い浮かぶものですから，なかなか変えるのは難しいと言われています。だから，自動思考が思い浮かんだあとの対処が大切です。自分の認知を再確認する方法を学んで，少しでもストレスを減らし，楽になる考え方を身につけていきましょう。

1 / 11　©Kumiko TAKADA & Shunsuke KOSEKI, 2020　無断転載・改変を禁じます。

自動思考を否定したりしないように十分な配慮をしながら行う

認知を否定されると自己否定につながりかねないので，認知は否定しないように注意することが大切です

ワークシート11

・感情のいろいろ・

わいてくる感情には意味があり，感じることは悪いことではありません。自分の心にわいてきた感情がどんな感情なのか，自分の気持ちをよく観察して名前をつけてあげましょう。そして，もしその感情がストレスを感じるものなら，自分に優しく声をかけていたわってあげましょう。

うれしい　悲しい　好き　嫌い
憎い　ムカつく　うらやましい
気持ちいい　面白い　はずかしい　イライラ
むなしい　切ない　ガッカリ
楽しい　怖い　幸せ　満足
自己嫌悪　安心　後悔
不安　くやしい　さみしい　スッキリ

この感情は「悲しい」かな？　悲しいね，お疲れさま，自分

2 / 11　©Kumiko TAKADA & Shunsuke KOSEKI, 2020　無断転載・改変を禁じます。

例）
a. こわい
b. 楽しい
c. 変な服って思われてる？
d. おしゃれだからかな？

先生もすべての感情について感じたことがあることを開示し，感じることは悪いことではなく自然であることを伝えましょう

ワークシート11

☑ある日，忘れ物をしたことを黙っていたら，「どうして忘れたことを言わないんだ！」と先生に注意されてしまいました。さて，あなたはこんなとき，どんな考え（認知）が浮かびますか？

💡たくさんの考え方をしてみることが大切です！

出来事　　　　考え（認知）　　　感情

先生に注意された → ① →
→ ② →
→ ③ →

(1) ①から③の考え（認知）の中でストレスが一番少なそうなのはどれですか？

(2) ①から③の考え（認知）の中でストレスが一番大きそうなのはどれですか？

3 / 11　©Kumiko TAKADA & Shunsuke KOSEKI, 2020　無断転載・改変を禁じます。

考えられない場合は先生から提示する

(1)(2)について，どうしてそう考えたか答えられそうな場合は，発表してもらう

作業の早い生徒や理解力の高い生徒には，前回のワークシートの事例にも「かもしれない」をつけてみて感情が変わるかを考えたり，事実と推測の確認を行うとよいでしょう

11　あいつが悪い!?　私はダメなやつ!?②

番号＿＿＿＿　名前＿＿＿＿＿＿＿＿

楽になれる考え方のコツ❶
心のつぶやきに「かもしれない」をつけてみよう
その後に行動を選択しよう

先輩からメールの返信が来ない

嫌われた　かもしれない
寝ている　かもしれない
まだ見ていない　かもしれない
忙しい　かもしれない
明日返事くる　かもしれない

↓

明日まで待ってみよう（行動の選択）

チェック ☑ 事実と推測を分けて考えよう

先輩からメールの返信が来ない　←　事実

嫌われた　かもしれない
寝ている　かもしれない
まだ見ていない　かもしれない
忙しい　かもしれない
明日返事くる　かもしれない　←　推測

事実は変えられない
推測はあくまで
「かもしれない」

「かもしれない」をつけると感情からくるストレスは変化するだろうか？

8 / 11　©Kumiko TAKADA & Shunsuke KOSEKI 2020　無断転載・改変を禁じます。

ワークシート11

☑ 仲良くしている友だちに，お昼ごろ，「1週間後の日曜日，遊びに行かない？」とお誘いのメールをしましたが，21時を過ぎても返事がきません。さて，あなたはこんなとき，どんな考え（認知）が浮かびますか？

出来事	考え（認知）	感情
返信がこない	①	
	②	
	③	

考え（認知）は，感情だけではなく行動にも影響します。

☑ 毎日一緒にお弁当を食べている同じクラスの友だちが，自分がお手洗いに行っている間に，いつもは一緒に食べないグループで食べていました。さて，あなたはこんなとき，どんな考え（認知）が浮かびますか？

出来事	考え（認知）	感情	
友だちが別の人とお弁当を食べている	① 嫌われた？ / 悲しい		立ち去る
	②		
	③		

4 / 11　©Kumiko TAKADA & Shunsuke KOSEKI 2020　無断転載・改変を禁じます。

例)
① 嫌われた　→　怒り
② 寝ている　→　少し不安
③ 忙しい　→　少し不安

例)
② 声をかければ入れてくれるかも／期待
　　→　声をかける
③ 相手から誘われたのかも／安心
　　→　明日は一緒に食べる約束をする

自分の考え方が誤っているという印象をもつと，認知に関して考えること自体に陰性感情をもってしまうことが考えられます。「認知の誤り」や「歪み」ではなく「認知のクセ」として慎重に扱いましょう

例)
① 怒っている（かもしれない）　→　少し不安
② 音楽を聴いている（かもしれない）　→　安心
③ 聞こえなかった（かもしれない）　→　安心

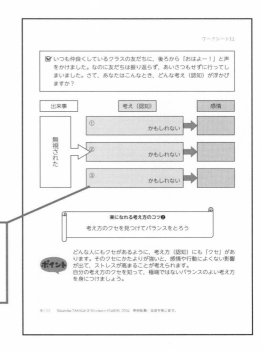

ワークシート11

☑ いつも仲良くしているクラスの友だちに，後ろから「おはよー！」と声をかけました。なのに友だちは振り返らず，あいさつもせずに行ってしまいました。さて，あなたはこんなとき，どんな考え（認知）が浮かびますか？

出来事	考え（認知）	感情
無視された	① かもしれない	
	② かもしれない	
	③ かもしれない	

楽になれる考え方のコツ❷
考え方のクセを見つけてバランスをとろう

ポイント どんな人にもクセがあるように，考え方（認知）にも「クセ」があります。そのクセにかたよりが強いと，感情や行動によくない影響が出て，ストレスが高まることが考えられます。
自分の考え方のクセを知って，極端ではないバランスのよい考え方を身につけましょう。

8 / 11　©Kumiko TAKADA & Shunsuke KOSEKI 2020　無断転載・改変を禁じます。

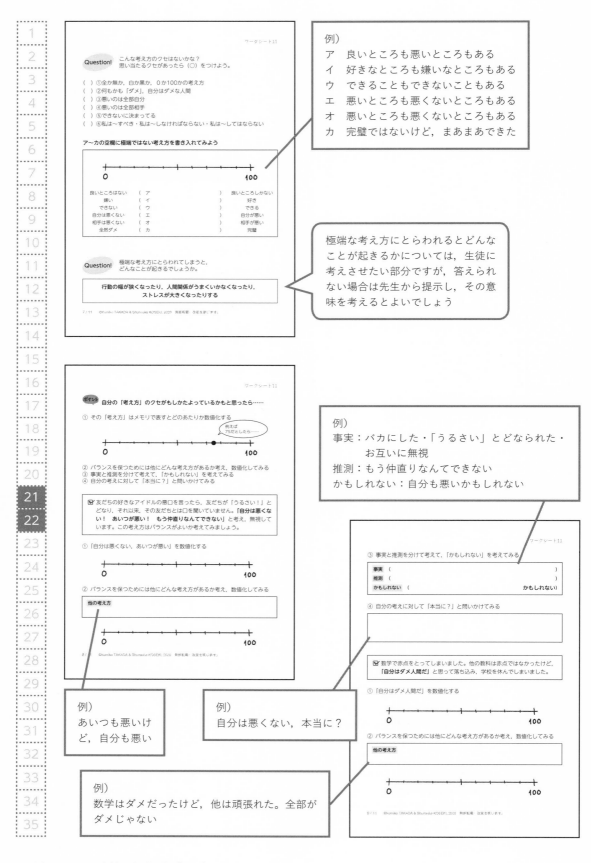

例)
ア　良いところも悪いところもある
イ　好きなところも嫌いなところもある
ウ　できることもできないこともある
エ　悪いところも悪くないところもある
オ　悪いところも悪くないところもある
カ　完璧ではないけど，まあまあできた

ワークシート11

Question!　こんな考え方のクセはないかな？
思い当たるクセがあったら（○）をつけよう。

（　）①全か無か，白か黒か，0か100かの考え方
（　）②何もかも「ダメ」，自分はダメな人間
（　）③悪いのは全部自分
（　）④悪いのは全部相手
（　）⑤できないに決まってる
（　）⑥私は〜すべき・私は〜しなければならない・私は〜してはならない

ア〜カの空欄に極端ではない考え方を書き入れてみよう

0 ——————————— 100

良いところはない　（　ア　　　　　　）良いところしかない
嫌い　　　　　　　（　イ　　　　　　）好き
できない　　　　　（　ウ　　　　　　）できる
自分は悪くない　　（　エ　　　　　　）自分が悪い
相手は悪くない　　（　オ　　　　　　）相手が悪い
全然ダメ　　　　　（　カ　　　　　　）完璧

Question!　極端な考え方にとらわれてしまうと，
どんなことが起きるでしょうか。

行動の幅が狭くなったり，人間関係がうまくいかなくなったり，
ストレスが大きくなったりする

7 / 11　©Kumiko TAKADA & Shunsuke KOSEKI, 2020　無断転載・改変を禁じます。

極端な考え方にとらわれるとどんな
ことが起きるかについては，生徒に
考えさせたい部分ですが，答えられ
ない場合は先生から提示し，その意
味を考えるとよいでしょう

ワークシート11

ポイント　自分の「考え方」のクセがもしかたよっているかもと思ったら……

① その「考え方」はメモリで表すとどのあたりか数値化する

例えば
75だとしたら……

0 ————————●—— 100

② バランスを保つためには他にどんな考え方があるか考え，数値化してみる
③ 事実と推測を分けて考えて，「かもしれない」を考えてみる
④ 自分の考えに対して「本当に？」と問いかけてみる

☑ 友だちの好きなアイドルの悪口を言ったら，友だちが「うるさい！」とどなり，それ以来，その友だちとは口を聞いていません。「自分は悪くない！ あいつが悪い！ もう仲直りなんてできない」と考え，無視しています。この考え方はバランスがよいか考えてみましょう。

①「自分は悪くない，あいつが悪い」を数値化する

0 ——————————— 100

② バランスを保つためには他にどんな考え方があるか考え，数値化してみる

他の考え方

0 ——————————— 100

8 / 11　©Kumiko TAKADA & Shunsuke KOSEKI, 2020　無断転載・改変を禁じます。

例)
事実：バカにした・「うるさい」とどなられた・
　　　お互いに無視
推測：もう仲直りなんてできない
かもしれない：自分も悪いかもしれない

ワークシート11

③ 事実と推測を分けて考えて，「かもしれない」を考えてみる

事実　（　　　　　　　　　　　　　　　　　）
推測　（　　　　　　　　　　　　　　　　　）
かもしれない　（　　　　　　　　　かもしれない）

④ 自分の考えに対して「本当に？」と問いかけてみる

☑ 数学で赤点をとってしまいました。他の教科は赤点ではなかったけど，「自分はダメ人間だ」と思って落ち込み，学校を休んでしまいました。

①「自分はダメ人間だ」を数値化する

0 ——————————— 100

② バランスを保つためには他にどんな考え方があるか考え，数値化してみる

他の考え方

0 ——————————— 100

8 / 11　©Kumiko TAKADA & Shunsuke KOSEKI, 2020　無断転載・改変を禁じます。

例)
あいつも悪いけ
ど，自分も悪い

例)
自分は悪くない，本当に？

例)
数学はダメだったけど，他は頑張れた。全部が
ダメじゃない

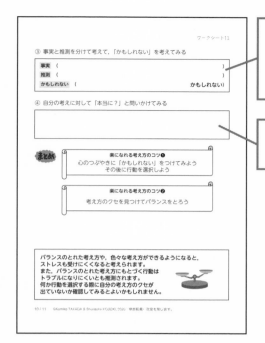

③ 事実と推測を分けて考えて，「かもしれない」を考えてみる

事実　（　　　　　　　　　　　　　　　　　　　　　　　　　）
推測　（　　　　　　　　　　　　　　　　　　　　　　　　　）
かもしれない　（　　　　　　　　　　　　　　　　　　かもしれない）

④ 自分の考えに対して「本当に？」と問いかけてみる

まとめ

楽になれる考え方のコツ❶
心のつぶやきに「かもしれない」をつけてみよう
その後に行動を選択しよう

楽になれる考え方のコツ❷
考え方のクセを見つけてバランスをとろう

バランスのとれた考え方や，色々な考え方ができるようになると，ストレスも受けにくくなると考えられます。また，バランスのとれた考え方にもとづく行動はトラブルになりにくいとも推測されます。何か行動を選択する際に自分の考え方のクセが出ていないか確認してみるとよいかもしれません。

10 / 11　©Kumiko TAKAGA & Shunsuke KOBEKI, 2020　無断転載・改変を禁じます。

例）
事実：数学で赤点・他の教科は赤点ではない
推測：自分はダメ人間
かもしれない：自分はダメ人間ではないかもしれない

例）
自分はダメ人間，本当に？

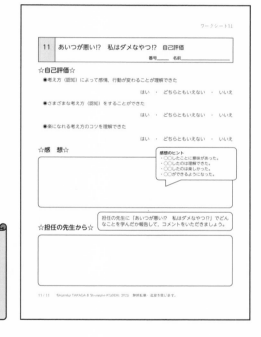

11　あいつが悪い!?　私はダメなやつ!?　自己評価
　　　　　　　　　　　　　　　　　番号＿＿＿　名前＿＿＿＿＿＿＿

☆自己評価☆

●考え方（認知）によって感情，行動が変わることが理解できた
　　　　　　　　　　　　　はい　・　どちらともいえない　・　いいえ

●さまざまな考え方（認知）をすることができた
　　　　　　　　　　　　　はい　・　どちらともいえない　・　いいえ

●楽になれる考え方のコツを理解できた
　　　　　　　　　　　　　はい　・　どちらともいえない　・　いいえ

☆感　想☆

感想のヒント
・○○したことに意味があった。
・○○したのは理解できた。
・○○したのは楽しかった。
・○○ができるようになった。

☆担任の先生から☆

担任の先生に「あいつが悪い!?　私はダメなやつ!?」でどんなことを学んだか報告して，コメントをいただきましょう。

11 / 11　©Kumiko TAKAGA & Shunsuke KOBEKI, 2020　無断転載・改変を禁じます。

認知に関して扱うため，生徒によっては過去のネガティブな経験が想起される場合も考えられます。プログラム02のリラクセーション法を実施し，緊張を緩和してから授業を終了するようにしましょう。

Teacher's Comments
プログラムの感想

　認知の理解も進み，自分の認知を表現できるようになってきていると感じられる授業となりました。様々な認知があり，他の認知に気づくことによって，気持ちが楽になるというところまで理解している生徒もいました。また，セルフモニタリングを促しやすい授業でした。

生徒が理解しやすい★★★★★　　生徒の反応がよい★★★☆☆　　実生活に活かせる★★★★☆

12 イライラしたとき，どうする!?

技法 & アプローチ	アンガーマネジメント ☞ p.85 セルフコントロール ☞ p.39

指導区分（自立活動 6 区分）

健康の保持 ④ ⑤	環境の把握 ② ⑤
心理的な安定 ① ②	身体の動き
人間関係の形成 ① ③	コミュニケーション ① ④ ⑤

ポイント解説● 怒りは誰しもが抱きうる感情であるにもかかわらず，ときに重大な問題へとつながってしまう危険も持ち合わせているものです。しかしながら，怒りの感情自体はゼロにはできませんし，ゼロにする必要もありません。それどころか，怒りは，行動することのエネルギーの役割をもつこともあります。暴力などの良くない行動のエネルギーになってしまうこともありますが，努力など，良い行動のエネルギーになることもあります。この怒りの正体をしっかりと理解し，自分の味方になってくれるよう管理することがこのプログラムのねらいです。まずは怒りのレベルの低い状況から扱って練習することをおすすめします。

A. 指導目標

怒りの仕組みを知り，自らコントロールする方法を学ぶ。

B. 指導計画　2 単位時間（45分×2回）

時数	主な学習活動
1	怒りのメカニズムや性質について理解する
2	怒りをコントロールする対処法を学ぶ

C. 評価の観点

【知識・技能】怒りのメカニズムや性質について理解できる。怒りをコントロールする対処法を学ぶことができる。

【思考・判断・表現】自分の怒りについて考えることができる。

【主体的に取り組む態度】自分の怒りや，怒りのコントロールについて主体的に取り組むことができる。

D．本時の指導

時配（分）		学習活動	指導上の留意点	準備物
1	5	1．リラクセーション	・板書の際には，ワークシートと同じように板書しながら空欄を埋める	ワークシート配布
	5	2．イライラや怒りに関しての思い込みを修正し，アンガーマネジメントについて学ぶ		
	10	3．イライラや怒りの性質について学ぶ	・❶プログラム02「リラックスしよう」で学んだことを振り返りながら，リラックス時とイライラ時の体の変化について考える ・❷自分の体に現れる怒りの兆候について考える。イラストに描き込む	
	15	4．怒りのメカニズムに関して学び，怒りのピークをどう過ごすか考える	・実体験に即しながら，怒りの発生時のメカニズムについて考える	
	10	5．リラクセーション	・自らの怒りに触れる内容であるため丁寧にリラクセーションを行い，消去動作もしっかりと行う	
	5	6．まとめ，ふりかえり	・授業で学んだことを振り返る	
2	5	1．リラクセーション，前回のふりかえり	・前回の授業で学んだことを振り返る	ワークシート配布
	10	2．怒りやイライラを感じたときにその怒りを数値化することを学ぶ	・数値化の仕方を確認する。	
		3．時間が経っても忘れられない怒りに対してどう対処するか複数考える		
	15	4．どんなことがあったときにイライラや怒りを感じるか考える	・自分がどんなときに怒りを感じるのか把握することで，怒りに対処しやすくなることを確認する	
		5．イライラの点数が高くてもキレずに乗り切れたときのコーピングを考える		
	10	6．ここ最近のイライラを数値化し，イライラした認知について考え，認知のバランスを考える		
		7．まとめ		
		8．リラクセーション		
	5	9．自己評価	・自己評価シートに記入する	自己評価シート配布

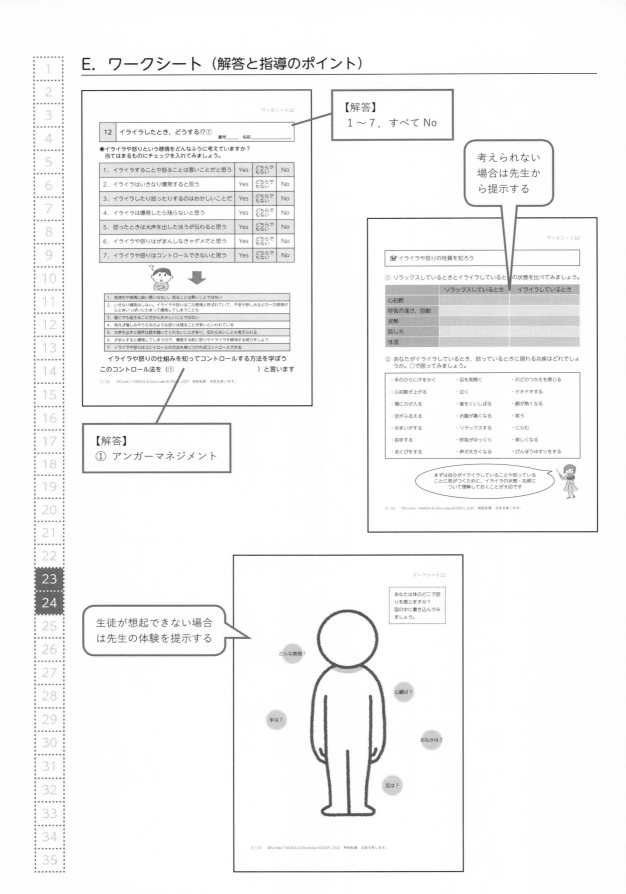

【解答】
1～7. すべて No

考えられない場合は先生から提示する

【解答】
① アンガーマネジメント

生徒が想起できない場合は先生の体験を提示する

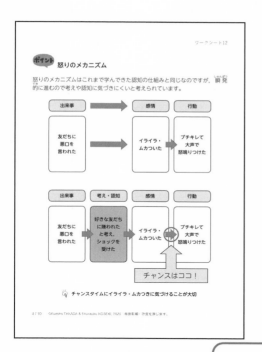

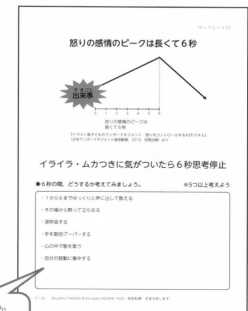

6秒の間，どうするか，思いつかない生徒がいたら，先生が提示する

認知再構成法（認知的再体制化）

　認知再構成法とは，「様々な問題や行動，感情に不適応な認知（考え方）が，関連していることを理解し，認知（楽な気持ちになる思考・ストレスが小さい考え方）には多様性があることに気づくこと」をいいます。私たちは普段，出来事の直後に感情（気持ち）が湧き上がってくると理解することが多いかもしれませんが，実際は，出来事と感情（気持ち）の間には「認知（考え方）」が存在します。ここでは，出来事・認知・感情の流れに沿って，認知再構成法のやり方を1つ紹介してみます。例えば，「友だちが，漫画を貸してくれる約束をしたのに，今日会っても何も言わなかった」としましょう。このときのストレスが大きい認知としては，「本当は貸したくないから忘れたふりをしているんだ」といったものが挙げられるでしょう。そうすると，「悲しい」といった感情が湧いてきます。そのようなときに，自分にとって感情が少しでも楽になる「認知」を考えるのが「認知再構成法」の方法です。ここでは，「忘れているだけかもしれない」や「自分から声をかけてみよう！」といった認知のほうが，ストレスが小さい認知と考えられます。実際にやってみるときは，認知再構成ワークシートを使って整理してみるのもよいかもしれません。また，ストレスやストレス場面は，必ずしも悪いものではなく，常に考えを変える必要はありません。自分がどんな考え方をしているのか，仲間とどんな付き合い方をしているかを学ぶきっかけとなったり，いろいろな認知・考え方ができるようになることで，普段の生活が過ごしやすくなったり，ストレスを軽減したりすることができるとよいといわれています。

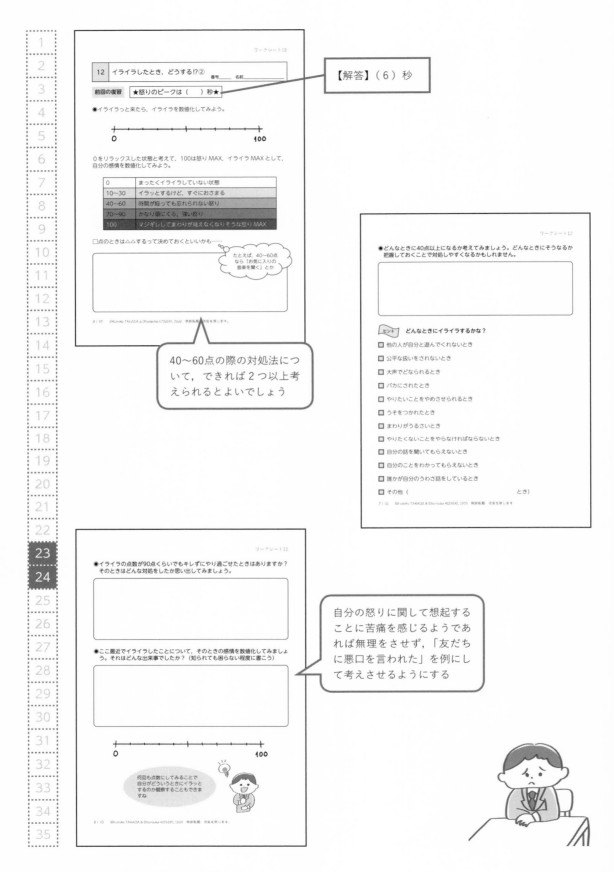

ワークシート12

12 イライラしたとき，どうする!?②　　　番号＿＿＿＿　名前＿＿＿＿＿＿＿＿

前回の復習　★怒りのピークは（　　）秒★

【解答】（6）秒

●イライラっと来たら，イライラを数値化してみよう。

0 ——————————————— 100

0をリラックスした状態と考えて，100は怒りMAX，イライラMAXとして，自分の感情を数値化してみよう。

0	まったくイライラしていない状態
10〜30	イラッとするけど，すぐにおさまる
40〜60	時間が経っても忘れられない怒り
70〜90	かなり頭にくる，強い怒り
100	マジギレしてまわりが見えなくなりそうな怒りMAX

□点のときは△△するって決めておくといいかも……

たとえば，40〜60点なら「お気に入りの音楽を聞く」とか

40〜60点の際の対処法について，できれば2つ以上考えられるとよいでしょう

ワークシート12

●どんなときに40点以上になるか考えてみましょう。どんなときにそうなるか把握しておくことで対処しやすくなるかもしれません。

ヒント　どんなときにイライラするかな？

□ 他の人が自分と遊んでくれないとき
□ 公平な扱いをされないとき
□ 大声でどなられるとき
□ バカにされたとき
□ やりたいことをやめさせられるとき
□ うそをつかれたとき
□ まわりがうるさいとき
□ やりたくないことをやらなければならないとき
□ 自分の話を聞いてもらえないとき
□ 自分のことをわかってもらえないとき
□ 誰かが自分のうわさ話をしているとき
□ その他（　　　　　　　　　　　　　とき）

ワークシート12

●イライラの点数が90点くらいでもキレずにやり過ごせたときはありますか？そのときはどんな対処をしたか思い出してみましょう。

●ここ最近でイライラしたことについて，そのときの感情を数値化してみましょう。それはどんな出来事でしたか？（知られても困らない程度に書こう）

0 ——————————————— 100

何回も点数にしてみることで自分がどういうときにイラッとするのか観察することもできますね

自分の怒りに関して想起することに苦痛を感じるようであれば無理をさせず，「友だちに悪口を言われた」を例にして考えさせるようにする

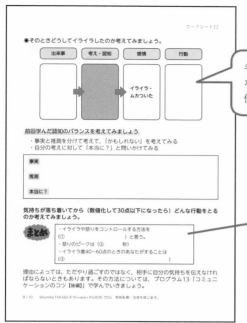

考えや認知が思い浮かばない生徒の場合，先生が例を提示する

【解答】
① アンガーマネジメント
② 6

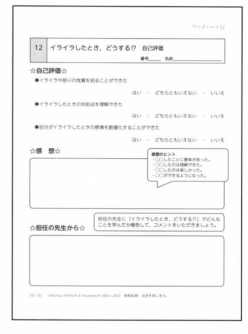

💡 この授業のみで怒りをコントロールすることを目指すのではなく，まずはコントロール可能であることを知り，日常生活を送るなかで徐々にコントロールする体験を積み重ねていきましょう

本人の怒りに関して扱うため，生徒によっては過去の経験が想起される場合も考えられます。リラクセーション法を実施し，緊張を緩和してから授業を終了するようにしましょう。

Teacher's Comments
プログラムの感想

　認知や感情の理解が進み，怒りの仕組みを理解しやすかったようです。どちらかというと避けたい怒り感情について，仕組みや対処を知ることで，怒りを単に「悪い感情」とせず，自然な感情であり，ときには必要なこともあると受けとめたようでした。怒りという一見ネガティブな感情を取り上げたにもかかわらず，楽しく取り組むことができました。

生徒が理解しやすい★★★★★　　　生徒の反応がよい★★★★★　　　実生活に活かせる★★★★☆

12　イライラしたとき，どうする!?　…95…

13 コミュニケーションの コツ【後編】

指導区分（自立活動6区分）

技法 & アプローチ	アサーショントレーニング ☞ p.97 ソーシャルスキルトレーニング ☞ p.56 バーバル／ノンバーバルコミュニケーション ☞ p.55

健康の保持	環境の把握 ⑤
心理的な安定 ②	身体の動き
人間関係の形成 ① ② ③	コミュニケーション ① ④ ⑤

ポイント解説● 自分の気持ちや意見を相手に伝えることは大事なことですが，伝え方を間違えると相手に誤解されてトラブルになったり，嫌な奴だと思われてしまったりすることもあるかもしれません。自分の気持ちや意見を相手に伝えるときには，①何をゴールにするか（嫌だということをわかってもらえばよいのか？　断るところまで目指すのか？），②伝えたら相手はどんな気持ちになるか，を整理して，伝え方を探ることが効果的でしょう。①のゴールは，その状況によって異なるでしょうが，断ったり，あるいは自分がやりたいということを相手に理解し，認めてもらったりしなければいけません。そのために，②で相手のことを理解したり想像したりしながら伝え方を選択することが有効です。

A. 指導目標

　他者に受け入れられやすい自己表現の方法を理解し，身につける。

B. 指導計画　2単位時間（45分×2回）

時数	主な学習活動
1	自己主張の型と特徴について学び，気持ちを主張する方法について考える
2	「断り方」「頼み方」「謝り方」のスキルについて学ぶ

C. 評価の観点

【知識・技能】他者に受け入れられやすい自己主張のスキルを理解することができる。

【思考・判断・表現】他者に受け入れられやすい自己主張のスキルを用いて対処法を考えることができる。

【主体的に取り組む態度】自己主張スキルの獲得に主体的に取り組むことができる。

D．本時の指導

時配 （分）		学習活動	指導上の留意点	準備物
1	5 10 10 15 5	1．リラクセーション 2．プログラム07「コミュニケーションのコツ【前編】」復習 3．例1に関して考え，自己表現の種類について学ぶ 4．例2，例3について考え，アサーションのスキルについて学ぶ 5．今日のまとめとふりかえり，ホームワークの説明	・板書の際には，ワークシートと同じように板書しながら空欄を埋める ・ヒントを出しながら，解答が出ない場合は先生から提示 ・アサーションとストレスの関係を確認する ※認知に関わる内容のため，不安が高まっている生徒がいればリラクセーションを適宜取り入れる	ワークシート配布 ホームワーク配布
2	5 5 30 5	1．リラクセーション 2．前回のふりかえりとホームワークの確認 3．断り方を学ぶ 4．頼み方を学ぶ 5．謝り方を学ぶ 6．今日のまとめ，自己評価	・ホームワークの伝え方は主張型のどのタイプだったかを確認し，相手の反応との関係を確認する。良い悪いではなく，伝え方が違う型であれば相手の反応も変わっていたかもしれないことを確認する ※例が多少複雑であるため，図にしながら確認するとよい ・自己評価シートに記入する	ワークシート配布 自己評価シート配布

> **技法 & アプローチ 解説**
>
> ### アサーショントレーニング
>
> 人が相手に対して，自己主張や説得をしたり，意見を伝えることなど「他者に対し働きかけること」を「アサーション」といいます。人間性心理学では，自己主張することによって自己実現することに重きが置かれることが多いですが，結果的に対立を生んだり，ネガティブなフィードバックを受けたりする可能性は低くありません。それに対して認知行動療法におけるアサーションでは，相手から自分が期待した反応を引き出すことに重きが置かれます。認知行動療法では，このアサーションを上手に行うための方法について考えていくのが「アサーショントレーニング」といえるでしょう。アサーショントレーニングは，相手のことよりも自分のことを大切にするタイプ，自分のことよりも相手のことを大切にするタイプ，自分のことも相手のことも考えるタイプの3タイプに分け，そのうちの3つ目が，アサーティブタイプと考えられています。日常のコミュニケーション場面において，自分と相手の間に起きている関係性を把握することで，良好な人間関係を築いたり，自分を理解したりすることができるようになります。

E. ワークシート（解答と指導のポイント）

ワークシート13

| 13 | コミュニケーションのコツ⑤ | 番号＿＿＿　名前＿＿＿＿＿ |

★プログラム07「コミュニケーションのコツ【前編】」で学んだことを復習しましょう★

相手に伝わる「聞く」態度
1. 相手の（①　　　）を見る・相手のほうを見る
2. 相手の話に（②　　　）・相づちを打つ
3. 相手の（③　　　・　　　）に合わせた表情・行動

声をかけるポイント
1. 相手の（④　　　）を呼ぶ
2. （⑤　　　）する

会話を続ける3か条
1. 会話はキャッチボール！自分が話したら，次は（⑥　　　）の番
2. 相づちプラス「（⑦　　　？　　　　　）」（うながし言葉）
3. 「話題カード」を用意しよう

今回は2回にわたり，自分のことも相手のことも大切にする自己表現コミュニケーションスキル **「アサーション」** について学習しましょう。

1／11　©Kumiko TAKADA & Shunsuke KOSEKI 2020　無断転載・複製を禁じます。

> コミュニケーションにはバーバルな部分とノンバーバルな部分があること，声をかけるポイントに関して，ロールプレイなどをしながら確認するとよいでしょう

【解答】
① 顔
② うなずく
③ 表情・態度
④ 名前
⑤ あいさつ
⑥ 相手
⑦ それで？　それから？

> 攻撃型やがまん型の経験があるか，ある場合はそのときのストレスはどうだったか，確認しながら行うとよいでしょう

> 発達障害の傾向のある生徒に関しては表情認知が苦手である可能性があるため，表情以外の態度にも着目させるとよいでしょう

ワークシート13

例1 「今朝，あなたに貸したイヤホン，いいかげん返してくれない？　昼休みに音楽聞きたいんだけど！」隣のクラスのハナコさんがさくらさんに文句を言いにきました。しかし，それは，ハナコさんのかん違いで，さくらさんはイヤホンをその場でハナコさんに返却していました。返却したそのとき，一緒にいたモモ美さんが「私にも貸して！」と言ったので，ハナコさんはイヤホンをモモ美さんに渡しました。ハナコさんはモモ美さんにイヤホンを貸したことを忘れているようです。

●次の3つの答え方について考えてみましょう

A 何言ってんの！？　私ちゃんと返したじゃん。疑わないでよ！

B え…あの…，ええと，探してみるね。（あとで，モモ美さんに，「ハナコさんにイヤホンを返して」って言いにいこう…）

C ハナコさんにイヤホン貸してもらったけど，モモ美さんがそのあと借りていたよ。一緒にモモ美さんのところに確認にいこう。

さくらさん

Q1．ハナコさんのストレスが一番高いのはどの答え方でしょうか？　（ A ・ B ・ C ）
そう考えた理由

Q2．さくらさんのストレスが一番高いのはどの答え方でしょうか？　（ A ・ B ・ C ）
そう考えた理由

Q3．さくらさんの伝えたいことが一番伝わりやすい考え方はどれでしょうか？　（ A ・ B ・ C ）
そう考えた理由

2／11　©Kumiko TAKADA & Shunsuke KOSEKI 2020　無断転載・複製を禁じます。

【解答】
Q1．A
Q2．B
Q3．C

ワークシート13

自分の意思や気持ちを伝える自己表現には主に3種類ある

① 攻撃型
どなったり，相手を否定したり傷つけたりするような主張のしかた。言い方は穏やかでも，相手の意思を押さえ込んで自分の思うままにするのも攻撃型。自分の気持ちや意思は大切にできるが，相手のことは大切にできない。相手のストレス大。

② がまん型
相手を優先し，自分の主張はしない型。もめごとを避けたり，相手に合わせたりするために自分の主張をがまんするため，相手は大切にできるが自分の気持ちや意思は大切にできない。自分のストレス大。

③ みんなが OK 型
自分の主張を大切にしながらも，相手のことも尊重する型。自分の主張も相手も大切にする。相手も自分もそれほどのストレスを受けない。

例1 さくらさんの答え方
　　A は，（a 攻撃型・がまん型・みんなが OK 型）
　　B は，（a 攻撃型・がまん型・みんなが OK 型）
　　C は，（a 攻撃型・がまん型・みんなが OK 型）

気持ちが伝わりやすい主張のしかた「みんなが OK 型」をアサーションと言います。

3／11　©Kumiko TAKADA & Shunsuke KOSEKI 2020　無断転載・複製を禁じます。

【解答】
A：攻撃型
B：がまん型
C：みんなが OK 型

断る，頼む，自分の気持ちを伝える，謝るなど，自分の意思を伝えなければならない場面はたくさんあります。それぞれのパターンによって多少の違いはありますが，基本的には【みんながOK型（アサーション）】のスキルを使って自己主張すると，自分の気持ちが伝わりやすくなります。

気持ちの伝わりやすい主張のしかた（みんながOK型・アサーション）
・基本パターン・

1. 事実 ありのままの事実を伝える
2. 意思 自分の考え，気持ちを伝える
3. 提案 解決の方法や今後について提案する

例2 タロウくんは，カンタくんに誘われて映画を見にいく約束をしていました。とても楽しみにしていたのに，その日の朝，カンタくんから電話があり，「家族の用事ができて行けない，ごめん」とキャンセルされてしまいました。

【攻撃型】 は？？？行けない？？映画見ようって言ったのそっちじゃん。ムカつく‼ お前最低だな。

【がまん型】 うん…。わかった…。

【みんながOK型】
事実
意思
提案

タロウくん

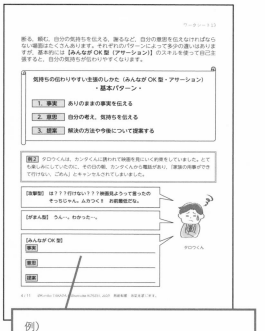

例）
事実 家の用事で行けないんだね
意思 楽しみにしてたから残念だけど，しかたないね
提案 別の日にしよう。いつなら行ける？

■ 考えてみましょう

もし，モモ美さんが
① 攻撃型で「うそつき！ 最低！」と気持ちをぶつけて（…）スはどうなるでしょう。モモ美さんの気持ちは伝わる（…）

② がまん型で自分のモヤモヤを抑えていたら，モモ美さんのストレスはどうなるでしょうか。

③ みんながOK型（アサーション）で伝えたとき，アカリさんはどんな反応をしそうですか？ アカリさん，モモ美さんのストレスはどうなりそうですか？

【アカリさんの反応】

【アカリさんのストレス】

【モモ美さんのストレス】

例）
① アカリさんのストレスは高い。モモ美さんの怒りは伝わるかもしれないけど，悲しいという気持ちは伝わらない

例）
② モモ美さんのモヤモヤは消えなくて，ストレスは高くなる

例3 モモ美さんは仲良しのアカリさんと今日の放課後にハンバーガーを食べにいく約束をしていました。でも「ごめん，家庭で急用ができたから今日は一緒にハンバーガーは食べにいけない」とアカリさんに断られてしまいました。放課後，モモ美さんが一人で帰る途中，ハンバーガーショップの前を通ると，アカリさんが他のクラスの女の子たちと楽しそうにハンバーガーを食べているのを見てしまいました。ムカッときたけどその場はなんとかがまんして家に帰りました。しかし，モヤモヤが消えません。モヤモヤの原因は，アカリさんにうそをつかれて悲しかったからだと気がつきました。アカリさんと前のように仲良くすることはできません。どうしてうそをつかれたのか，このままではいつまでも，モヤモヤが消えないと考えたモモ美さんは，アカリさんに気持ちを伝えようと思いました。

事実・意思・提案に整理して，【みんながOK型（アサーション）】で気持ちが伝わる主張を考えてみましょう。

事実

意思 「私は」で伝えるのがポイント

提案

例）
事実 家庭で急用があるからと約束をキャンセルしたのに，アカリさんは他の人とハンバーガーを食べていたよね
意思 私はアカリさんにうそをつかれたことが，とても悲しい
提案 このままだとスッキリしないから，なんでうそをついたのか理由を教えてほしい

---

13 コミュニケーションのコツ⑤ ホームワーク
番号____ 名前____

★自分の気持ちや主張を誰かに伝えてみよう。その伝えた場面を記録しよう★

●うれしかったこと，感謝したこと，イライラしたこと，モヤモヤしたこと，頼む，謝るなど，誰かに何かを頼む場面を考えてみましょう。

いつ：

どこで：

誰と：

どんな出来事でしたか（事実）：

どんなことを伝えたいと思いましたか：

どんな伝え方をしましたか：（攻撃型・がまん型・みんながOK型）

相手はどんな反応でしたか：

断り方，頼み方，謝り方はアサーションの基本形にプラスアルファで活用できることを確認しましょう

例が多少複雑であるため，図にしながら確認するとよいでしょう

発達障害の傾向のある生徒は視覚優位であることが多いといわれているため，図示することが有効と考えられます

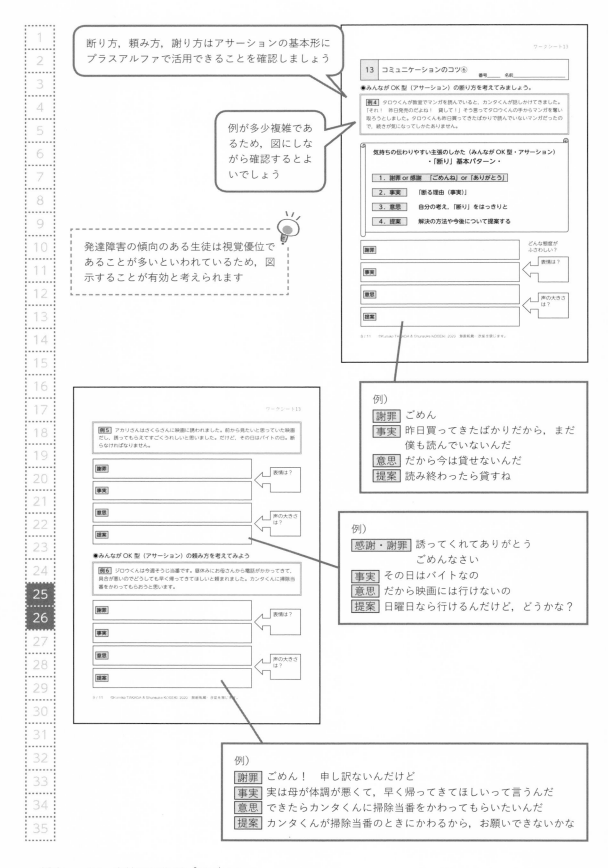

ワークシート-13

13 コミュニケーションのコツ⑥

番号＿＿＿ 名前＿＿＿＿＿＿

●みんなが OK 型（アサーション）の断り方を考えてみましょう。

例4 タロウくんが教室でマンガを読んでいると，カンタくんが話しかけてきました。「それ！ 昨日発売のだよね！ 貸して！」そう言ってタロウくんの手からマンガを奪い取ろうとしました。タロウくんも昨日買ってきたばかりで読んでいないマンガだったので，続きが気になってしかたありません。

気持ちの伝わりやすい主張のしかた（みんなが OK 型・アサーション）
・「断り」基本パターン・

1. 謝罪 or 感謝	「ごめんね」or「ありがとう」
2. 事実	「断る理由（事実）」
3. 意思	自分の考え，「断り」をはっきりと
4. 提案	解決の方法や今後について提案する

謝罪		どんな態度がふさわしい？
事実	→	表情は？
意思	→	声の大きさは？
提案		

例）
謝罪	ごめん
事実	昨日買ってきたばかりだから，まだ僕も読んでいないんだ
意思	だから今は貸せないんだ
提案	読み終わったら貸すね

ワークシート-13

例5 アカリさんはさくらさんに映画に誘われました。前から見たいと思っていた映画だし，誘ってもらえてすごくうれしいと思いました。だけど，その日はバイトの日。断らなければなりません。

謝罪		
事実		表情は？
意思		
提案		声の大きさは？

例）
感謝・謝罪	誘ってくれてありがとうごめんなさい
事実	その日はバイトなの
意思	だから映画には行けないの
提案	日曜日なら行けるんだけど，どうかな？

●みんなが OK 型（アサーション）の頼み方を考えてみよう

例6 ジロウくんは今週そうじ当番です。昼休みにお母さんから電話がかかってきて，具合が悪いのでどうしても早く帰ってきてほしいと頼まれました。カンタくんに掃除当番をかわってもらおうと思います。

謝罪		
事実		表情は？
意思		
提案		声の大きさは？

例）
謝罪	ごめん！ 申し訳ないんだけど
事実	実は母が体調が悪くて，早く帰ってきてほしいって言うんだ
意思	できたらカンタくんに掃除当番をかわってもらいたいんだ
提案	カンタくんが掃除当番のときにかわるから，お願いできないかな

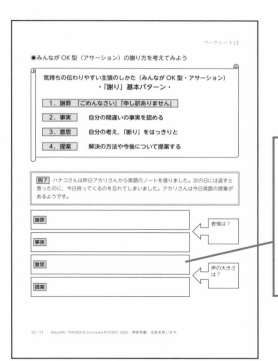

●みんなが OK 型（アサーション）の謝り方を考えてみよう

気持ちの伝わりやすい主張のしかた（みんなが OK 型・アサーション）
・「謝り」基本パターン・

1．謝罪　「ごめんなさい」「申し訳ありません」
2．事実　自分の間違いの事実を認める
3．意思　自分の考え，「断り」をはっきりと
4．提案　解決の方法や今後について提案する

例7 ハナコさんは昨日アカリさんから英語のノートを借りました。次の日には返すと言ったのに，今日持ってくるのを忘れてしまいました。アカリさんは今日英語の授業があるようです。

謝罪	
事実	
意思	
提案	

表情は？

声の大きさは？

例）
謝罪 アカリさん，ごめんなさい
事実 昨日借りた英語のノートを持ってくるのを忘れてしまって
意思 カバンに入れたつもりが忘れてしまったみたい
提案 英語の先生には私から事情を話すね。明日には必ず返すね。ほかにできることあるかな

ロールプレイのポイント

1．実践のコツは，まずは先生が「やってみせる」ことです。それがモデルとなり，ロールプレイが苦手な生徒も見て学ぶことができそうです。
2．ロールプレイでは，いわゆる「劇」を演じるというよりも，生徒が直面するよな場面をリアルにイメージできるよう，状況や相手の様子など，くわしく聞き取っていただき，対応方法について考えていただくとよいでしょう。

13	コミュニケーションのコツ【後編】 自己評価

番号＿＿＿　名前＿＿＿＿＿＿＿

☆自己評価☆

●相手のことも自分のことも大切にすることで自己主張の際のストレスを減らすことが理解できた
　　　　　　はい ・ どちらともいえない ・ いいえ

●相手のことも自分のことも大切にする自己主張のしかたについて考えることができた
　　　　　　はい ・ どちらともいえない ・ いいえ

●「気持ちの伝え方」「頼み方」「断り方」「謝り方」の方法が理解できた
　　　　　　はい ・ どちらともいえない ・ いいえ

☆感　想☆

感想のヒント
・○○したことに意味があった。
・○○したのは理解できた。
・○○したのは楽しかった。
・○○ができるようになった。

☆担任の先生から☆

担任の先生に「コミュニケーションのコツ【後編】」でどんなことを学んだか報告して，コメントをいただきましょう。

Teacher's Comments
プログラムの感想

　ロールプレイが苦手な生徒も多いので，教員同士でモデルを示しました。「みんながOK 型」ができるようになることが大切なのではなく，自己主張の型と特徴を学び，気持ちを主張する方法があることを知り，感じたり考えたりすることを重視しました。

生徒が理解しやすい★★★★☆　　生徒の反応がよい★★★☆☆　　実生活に活かせる★★★★★

14 整理整頓でスッキリ

技法 & アプローチ	セルフモニタリング ☞ p.31

☞ p.31

指導区分（自立活動 6 区分）

健康の保持 ① ④	環境の把握 ② ⑤
心理的な安定 ① ③	身体の動き
人間関係の形成 ③	コミュニケーション

ポイント解説● 身のまわりの整理整頓は，実際には苦手な人も少なくないでしょう。しかし，集団生活においては，「自分だけよければそれでいい」は通用せず，まわりの人の気持ちや生活しやすさも考えて，整理整頓を心がけることが必要になります。また，整理整頓ができるようになると勉強や仕事の効率が上がることも，想像に難くないと思います。ただし，整理整頓の難しさは，どこから手を付けて何をどの程度やればよいのかがわかりにくいところにあるかもしれません。そのあいまいさを一つひとつ具体的に整理し，整理整頓までの道筋を立てることで，学校でも家庭でも活用可能なスキルの習得を目指すプログラムです。まずは，「できて当たり前」のステップからスタートし，効果を実感するところを目指していただくことがよいと思います。

A. 指導目標

整理整頓をする必要性について理解し，自分に適した整理の方法を考えることができる。

B. 指導計画　2 単位時間（45 分×2 回）

時数	主な学習活動
1	整理整頓の必要性と「物の整理」について学び，自分に適した方法を考える
2	「時間」と「情報」の整理について学び，自分に適した方法を考える

C. 評価の観点

【知識・技能】 整理整頓に関する方法を理解することができる。

【思考・判断・表現】 自分に適した整理整頓の方法を考えることができる。

【主体的に取り組む態度】 整理整頓することに対して主体的に取り組むことができる。

D．本時の指導

時配 （分）		学習活動	指導上の留意点	準備物
1	5 5	1．リラクセーション 2．「整理整頓あるある」で当てはまるものがあるか確認する	・板書の際には，ワークシートと同じように板書しながら空欄を埋める ・答えられない場合は先生がリードする	ワークシート配布
	5	3．整理整頓をするメリットと整理整頓をしないデメリットについて考え，整理整頓の必要性を理解する		
	25	4．物の整理整頓の工夫について考える (1)部屋の整理の工夫 (2)自室の図を描く (3)ゴミ箱，鍵，教科書の置き場所を図に描き込ませる 【2】に関して考える 【3】【4】に関して考える	・【2】(1)～(3)に関してはあまり時間をかけずに先生から提示してもよい ※物にこだわりが強い発達障害傾向のある生徒には無理強いはせず，方法の提示だけ行う	
	5	5．今日のまとめとふりかえり，ホームワークの説明	※ホームワークには，その時間に何をしていたのか，行動について単語レベルで記入することを説明する。次週使うワークであることも説明する	ホームワーク配布
2	5 10	1．リラクセーション 2．前回のふりかえりとホームワークの確認	・1週間のログを見て，何をやっていたのかわからない時間や無目的に過ごしていた時間を先生と確認する	ワークシート配布
	10	3．【1】予定を詰め込みすぎないようにすることについて考える	・プログラム10「約束を守るためのコツ」で確認した時間を再確認する。朝の時短ヒントを確認する。前日のうちに準備をするメリットを再確認し，現状を確認する	
	10	【2】(1)情報を遮断することへの自分に実行できるルールを考える (2)優先順位について考える (3)音・におい・視覚の遮断	・なぜ優先順位をつけなければならないのか確認する	
	10	4．ホームワーク「3週間チャレンジ」で取り組む課題を決定する		ホームワーク①のみ配布
	5	5．自己評価	・自己評価シートに記入する	自己評価シート配布

E. ワークシート（解答と指導のポイント）

| 14 | 整理整頓でスッキリ① | 番号____ 名前_____ |

整理整頓 あるある

☐ 物がどこにあるかみつからず，探すのに時間がかかる

☐ 似たようなものをたくさん持っている

☐ 時間管理が苦手

☐ 片づけようとして古い本をみつけたら，いつまでも読みふけってしまう

☐ ゲームを始めると，クリアできるまで徹底的にやってしまう

☐ 掃除をしようと机まわりから始めたら，そこだけで一日が終わってしまう

☐ 見たかったテレビ番組は終わったのに，そのまま見続けてしまう

☐ カバンの中や引き出しの中がごちゃごちゃしている

☐ むだづかいが多い

☐ 物が捨てられない

今回は自分に適した
物と情報の「整理整頓」の
方法について考えていきましょう！

1 / 13　©Kumiko TAKADA & Shunsuke KOSEKI 2020　無断転載・改変を禁じます。

発達障害傾向のある生徒にとっては「物が捨てられない」というより「物へのこだわり」の場合もあるため，物が捨てられないことが悪いことだというイメージをもたせないようにしましょう

● 「整理整頓をするメリット」と「整理整頓をしないデメリット」について考えてみましょう。

	整理整頓をするメリット	整理整頓をしないデメリット
物		
情報 時間の使い方		

ポイント 物や情報を整理整頓すると，集中力が増したり，自分の時間が増えたりイライラが減って気持ちも安定します。また，約束を守れるようになることで，人にも信頼されやすくなるかもしれません。

整理整頓　物の管理　編 まずは物の整理整頓から考えてみましょう

（1）あなたは部屋の整理整頓をするためにどんな工夫をしていますか？

生徒から工夫が出ない場合は，先生から例を提示する

2 / 13　©Kumiko TAKADA & Shunsuke KOSEKI 2020　無断転載・改変を禁じます。

例）
【物】整理整頓をするメリット
　　気持ちがスッキリ／時間が無駄にならない／集中できる／無駄づかいが減る
【物】整理整頓をしないデメリット
　　何がどこにあるかわからない／物が見つからない／同じものを買ってしまう／イライラする／
　　集中できない
【情報・時間の使い方】整理整頓をするメリット
　　約束を守れる／忘れ物が減る／時間が無駄になりにくい
【情報・時間の使い方】整理整頓をしないデメリット
　　時間に間に合わない／約束を守れない

図示が苦手な生徒は，先生が支援する

自室を持たない生徒の場合は，一番多く過ごしている部屋（居間など）について考えるように促す

●あなたの部屋（一番長い時間を過ごしている部屋）の間取りを大まかに描いてみよう。その部屋で，起きている間に一番多く過ごすところに☆印を描こう

机，ベッド，本棚，テーブル，テレビ，パソコン，タンス，棚など

描くのが苦手な人は先生に手伝ってもらいましょう

3 / 13　©Kumiko TAKADA & Shunsuke KOSEKI, 2020　無断転載・改変を禁じます。

【1】物の置き場所を決める

⇒　一番よく使う場所　か　使い終わる場所

（1）自分の描いた見取り図にゴミ箱を描き込みましょう。ゴミ箱はどこに置くのがベストでしょうか？

（2）鍵はどこに置くのがベストでしょうか？

（3）教科書や文房具類はどこに置くのがベストでしょうか？

ゴミ箱は☆印の近くに置くのがよいと考えられる

【2】置き方・しまい方を考える

⇒　見えるように工夫する　透明な入れ物を活用する

（1）タンスの中で洋服がごちゃごちゃにならないようにするにはどんな置き方が考えられるでしょうか？

（2）長いコード類やヘッドホン，アクセサリーがからまらないようにするにはどんな置き方が考えられるでしょうか？

（3）お薬，リップクリームなどのこまごました物のしまい方にはどんな工夫が考えられるでしょうか？

4 / 13　©Kumiko TAKADA & Shunsuke KOSEKI, 2020　無断転載・改変を禁じます。

例）
（1）たたんだら積み重ねずに丸めて縦に置く
（2）壁につるす
（3）透明なポーチやジッパー付きのナイロン袋のような中身の見えるものにひとまとめにする

【3】物は増やさないようにする

その結果，探しまわったり……

物がたくさんあると，整理整頓がしにくくなり，また持っていることがわからなくなったり……

⇒　「ほしい！」と思ったその日には買わずに，本当にいるからいらないか，同じものを持っていないか，考えたり確認してから翌日以降に買う。

⇒　物を集めるのが好きな人（コレクションが趣味）は，何個までなら部屋の決めた場所に置けるか決めておき，それ以上は増やさないようにする，いらなくなったものはないか点検するようにするとよいかもしれません。

【4】物を捨てる（リサイクルに回す，人にゆずるなど）

⇒　いる・いらない（必要か，必要ではないか）の基準を決めよう

	いらないの基準
洋服	（例）1年間着ていない
DVD	
CD	
雑誌	
本	
ショップの袋	

決められないときは保留にして，時期を決めて「いる・いらない」を判断しよう

・物は決めた場所に片づける
・物を重ねない収納を考える

5 / 13　©Kumiko TAKADA & Shunsuke KOSEKI, 2020　無断転載・改変を禁じます。

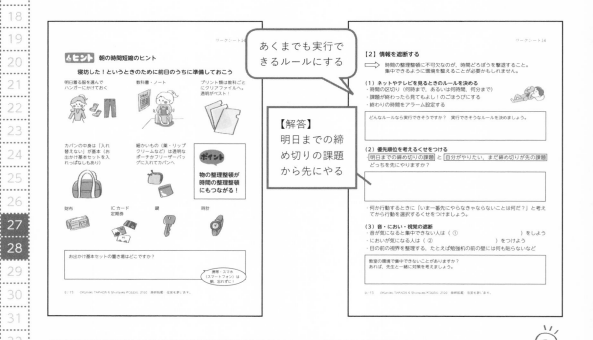

発達障害傾向のある生徒は，予定を詰め込みやすい，
優先順位をつけにくい特徴があるといわれています

あくまでも実行で
きるルールにする

【解答】
明日までの締
め切りの課題
から先にやる

発達障害傾向のある子に多くみられる知覚過敏や，集中を妨げる刺激に関して話し合いましょう。
特に一日の多くを過ごす教室環境に関して，改善してほしいことを明らかにしましょう（例：一番
前の席にしてほしい，掲示物が気になるなど）。改善できる内容であれば，担任の先生や職員間の
連携を経て改善していきましょう

ホームワークは3枚ある
が，一度に渡してしまうと混
乱する可能性があるので，
1週間に1枚ずつ配布する

ワークシート14

| 14 | 整理整頓でスッキリ　3週間チャレンジ③ |

番号_____　名前_____

● 「整理整頓でスッキリ」で学んだ内容で，自分が定着させたいと思った行動を3週間チャレ
ンジしてみましょう

選んだ行動を書きましょう。(例) 使ったものは元にあった場所に片づけるなど

日	取り組めたら○	取り組めた日は何がよかったかメモしよう	スッキリ度(0〜10点)
日			/10点
日			/10点
日			/10点
日			/10点
日			/10点
日			/10点

©Kumiko TAKADA & Shunsuke KOSEKI, 2020　無断転載・改変を禁じます。

ワークシート14

| 14 | 整理整頓でスッキリ　3週間チャレンジ② |

番号_____　名前_____

● 「整理整頓でスッキリ」で学んだ内容で，自分が定着させたいと思った行動を3週間チャレ
ンジしてみましょう

選んだ行動を書きましょう。(例) 使ったものは元にあった場所に片づけるなど

日	取り組めたら○	取り組めた日は何がよかったかメモしよう	スッキリ度(0〜10点)
日			/10点
日			/10点
日			/10点
日			/10点
日			/10点
日			/10点

©Kumiko TAKADA & Shunsuke KOSEKI, 2020　無断転載・改変を禁じます。

ワークシート14

| 14 | 整理整頓でスッキリ　3週間チャレンジ① |

番号_____　名前_____

● 「整理整頓でスッキリ」で学んだ内容で，自分が定着させたいと思った行動を3週間チャレ
ンジしてみましょう

選んだ行動を書きましょう。(例) 使ったものは元にあった場所に片づけるなど

月　日	取り組めたら○	取り組めた日は何がよかったかメモしよう	スッキリ度(0〜10点)
月　日			/10点
月　日			/10点
月　日			/10点
月　日			/10点
月　日			/10点

10 / 13　©Kumiko TAKADA & Shunsuke KOSEKI, 2020　無断転載・改変を禁じます。

ワークシート14

| 14 | 整理整頓でスッキリ　自己評価 |

番号_____　名前_____

☆自己評価☆

●整理整頓をする必要性を理解できた

はい　・　どちらともいえない　・　いいえ

●整理整頓をする方法を理解できた

はい　・　どちらともいえない　・　いいえ

●自分に合った整理整頓の方法について考えることができた

はい　・　どちらともいえない　・　いいえ

☆感　想☆

感想のヒント
・○○したことに興味があった。
・○○したのは理解できた。
・○○したのは楽しかった。
・○○ができるようになった。

☆担任の先生から☆

担任の先生に「整理整頓でスッキリ」でどんなことを学
んだか報告して，コメントをいただきましょう。

13 / 13　©Kumiko TAKADA & Shunsuke KOSEKI, 2020　無断転載・改変を禁じます。

Teacher's
Comments
プログラム
の感想

　整理整頓が苦手な生徒は少なくないのですが，生活指導の中では注意される体験しか
なかった生徒にとって，授業の単元の中で多面的に考えることができる機会になりまし
た。1週間のログをとることは難しいようでしたが，1日だけでも振り返ることで，
いろいろなことに気づきが得られたように感じられました。

生徒が理解しやすい★★★☆☆　　　生徒の反応がよい★★★☆☆　　　実生活に活かせる★★★★☆

14　整理整頓でスッキリ　…107…

15 うまくいかない行動を分析して解決

技法 & アプローチ	問題解決訓練 ☞ p.68 援助要請スキル ☞ p.71 バーバル／ノンバーバルコミュニケーション ☞ p.55

指導区分（自立活動6区分）

健康の保持 ① ② ④ ⑤	環境の把握 ② ③ ⑤
心理的な安定 ① ③	身体の動き
人間関係の形成 ① ② ③ ④	コミュニケーション ① ④ ⑤

ポイント解説● 問題解決訓練の重要な手続きは，「解決策の案出」と「解決策の評価」をそれぞれ別に実施するというところにあります。普段，私たちは何か問題に対する解決策を投げかけると，それと同時に評価も行うことが多いです。しかし，それによりアイデアの発展が妨げられていることもあるのです。問題解決訓練では，解決策の案出と解決策の評価を分けることにより，案出の時点で「無理かも」「できるわけない」という思考をなくし，できるかぎり多くの解決策を考えることで，多様な解決策に気づくことを推奨しています。また，解決策の評価についても，有効か無効かだけではなく，複数の視点があることを知ることで，うまくいかない状況を解決することに役立ちます。

A. 指導目標

自分の行動を分析し，問題解決する方法について学ぶ。

B. 指導計画　3単位時間（45分×3回）

時数	主な学習活動
1	問題だと思う自分の行動をリスト化し，問題を整理する
2	行動を分析する方法を学ぶ
3	問題解決の方法を学び，自分の問題行動の解決策を考える

C. 評価の観点

【知識・技能】問題解決に必要なスキルを身につけることができる。

【思考・判断・表現】問題行動を分析して，整理し，解決策について考えることができる。

【主体的に取り組む態度】自分の問題だと思う行動について主体的に考え，解決策に取り組むことができる。

D．本時の指導

時配 （分）		学習活動	指導上の留意点	準備物
1	10	1．リラクセーション，プログラム14のホームワーク①を確認する		ワークシート 配布
	15	2．解決してみたいと思う自分の行動をリスト化する	・板書の際には，ワークシートと同じように板書しながら空欄を埋める	
		3．ひとりでも解決できそうな問題かどうか整理する。ひとりで解決できそうもない問題に関しては，援助要請のスキルとコミュニケーションスキルを使って解決することを確認する	・リストアップした問題が，ひとりでも解決できる問題のみでも援助要請のスキルとコミュニケーションスキルを復習する	
	15	4．例1）行動がなぜ起きるのか，仕組みを学ぶ	・行動のきっかけ（先行刺激）は，行動の直前にあることを確認する	
		5．例2），例3）行動がなぜ継続するのか仕組みを学ぶ	・行動が継続するのは，結果によることを確認する	
	5	6．今日のまとめとふりかえり，ホームワークの説明	・プログラム14の3週間チャレンジ②と「うまくいかなかった行動」の2種類のホームワークがあることを確認する ※うまくいった行動の例とうまくいかなかった行動の例の資料を使いながらホームワークの説明をする	ホームワーク 2種類配布
2	5	1．リラクセーション		
	5	2．前回のふりかえりとホームワークの確認	・プログラム14のホームワーク②を確認してから前回の確認を行う	
	10	3．ホームワークの行動を分析する ❶うまくいった行動 ❷うまくいかなかった行動 　うまくいった行動とうまくいかなかった行動の違いを考える	・ホームワークがうまくできていない場合はホームワークの例から選ぶ ・きっかけが直前の行動であること，行動が続いている理由を見つける。きっかけによって行動が変わることを確認する	ワークシート 配布
	10	4．例4）の行動を変化させる方法を学ぶ	・次回に向けて説明だけに留める	
	10	5．問題解決練習テーマ：友だちにからかわれてモヤモヤを使い，解決策を考える方法を学ぶ		
	5	6．今日のまとめとふりかえりを行い，プログラム14のホームワーク③を配布する		ホームワーク 配布

時配 （分）		学習活動	指導上の留意点	準備物
3	5	1．プログラム14のホームワーク③の確認，前回のふりかえり	・プログラム14のホームワーク③を確認してから前回の確認を行う	
	10	2．練習テーマ「友だちへのやつあたりをやめたい」の解決策を考えて，効果と実行できるかを評価する	・前回の例４）を練習テーマに解決策を考える	ワークシート配布
	20	3．自分のうまくいかないと思う行動について，ここまでやってきた方法で解決策を考える	・解決策をホームワークとして行う	
	10	4．まとめ，自己評価，リラクセーション	・自己評価シートに記入する ※自分の行動と向き合うことになるため，場合に応じてリラクセーションを行う	自己評価シート配布

技法
＆
アプローチ
解説

応用行動分析（ABA）

　応用行動分析（Applied Behavior Analysis: ABA）とは，「人の行動を理解するために用いられる理論や技法」です。行動とは，「目で見て観察できるもの」，「測定できるもの（頻度や持続している時間など）」，「肯定形で表せるもの」をいいます。それとは逆に，状態（例：寝ている，じっとしている）や受け身（例：ボールを当てられる），気持ち（例：楽しい，悲しい），否定形の行動（例：言わない，やらない）は，行動とはいえません。そして，行動には，行動が増えたり減ったりする仕組みがあります。行動が増える仕組みについて，その行動をすることによって自分がほしいものや活動が手に入ったり，もともとあった嫌なことやものがなくなったりするなど，結果として，自分にとってメリットがあると，同じ状況に直面したときに，同じ行動が起きやすくなります。すなわち，その行動が増えます。その人の行動を増やす働きをもつ「よいこと（メリット）」を探してみることが，大事になるでしょう。一方，行動が減る仕組みについては，その行動をすることで，自分にとって嫌なことがあったり，もともとあったよいことがなくなったりするなど，結果として，自分にとってデメリットが生じると，また同じ状況があったときに同じ行動が起きにくくなります。すなわち，その行動は減ります。嫌なことが生じるということは，誰にとっても大きなストレスとなったり，挑戦するための意欲をなくさせたりしてしまい，行動が減ることにつながるでしょう。応用行動分析では，特別な支援の必要がある子どもの療育や，「子どもが望ましい行動をしてくれない」「問題となる行動をやめてくれない」とき，それを教室の中や子育ての中で解決できるように使われることも多いです。「どうしてこの行動は起きているんだろう？」と思ったときには，「行動の前後の出来事と行動が増える／減る」の仕組みで考えてみるとよいのではないでしょうか。

E. ワークシート（解答と指導のポイント）

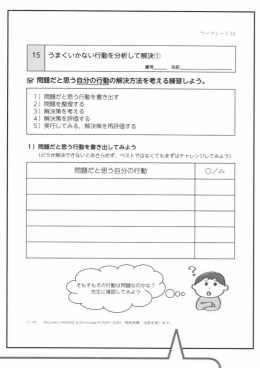

リストアップした問題がひとりでも解決できる問題のみでも，援助要請のスキルとコミュニケーションスキルを復習しましょう

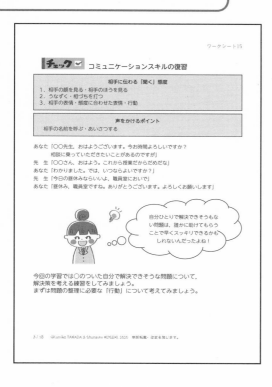

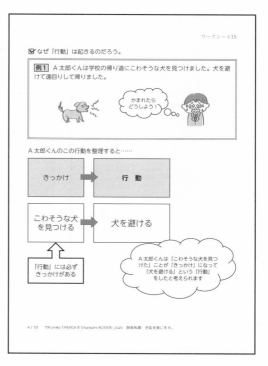

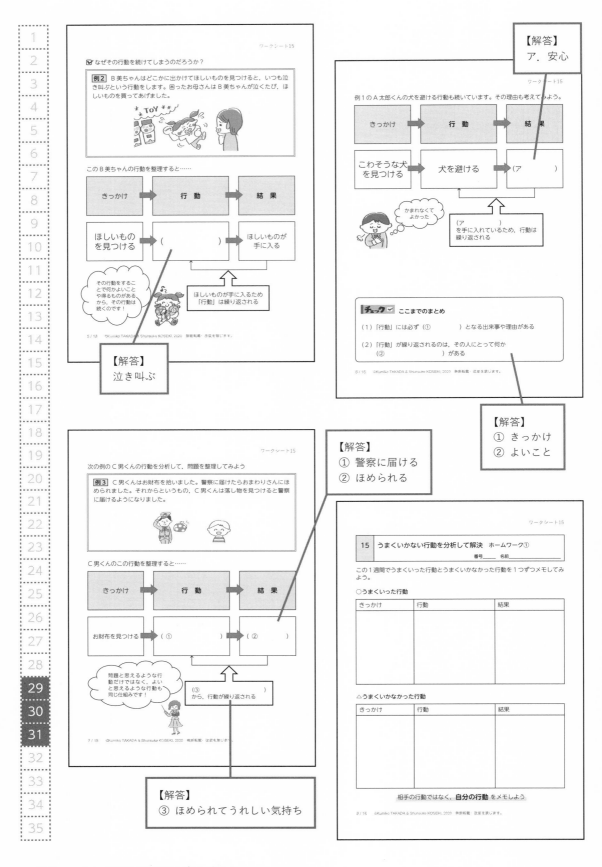

うまくいかない行動を分析して解決　ホームワーク①　参考資料
番号＿＿＿＿　名前＿＿＿＿＿＿＿＿

○うまくいった行動の例
- ☑ 授業で発言した。
- ☑ 締め切りまでに課題を提出した。
- ☑ 苦手な人にあいさつした。
- ☑ 困ったときに先生に相談した。
- ☑ スマホ（スマートフォン）を見る時間を守った。

△うまくいかなかった行動の例
- ☑ いつもの時間より遅く家を出た。
- ☑ 授業中に騒いだ。
- ☑ 友だちに悪口を言った。
- ☑ 先生にあいさつせずにすれ違った。
- ☑ 見る必要のないテレビをダラダラ見た。

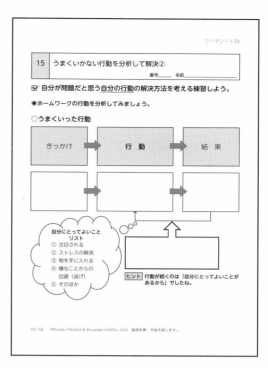

うまくいかない行動を分析して解決②
番号＿＿＿＿　名前＿＿＿＿＿＿＿＿

☑ 自分が問題だと思う自分の行動の解決方法を考える練習しよう。

●ホームワークの行動を分析してみましょう。

○うまくいった行動

きっかけ → 行動 → 結果

自分にとってよいこと
リスト
① 注目される
② ストレスの解消
③ 物を手に入れる
④ 嫌なことからの回避（逃げ）
⑤ そのほか

ヒント　行動が続くのは「自分にとってよいことがあるから」でしたね。

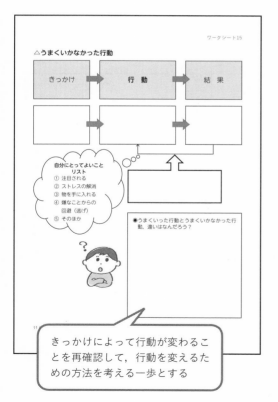

△うまくいかなかった行動

きっかけ → 行動 → 結果

自分にとってよいこと
リスト
① 注目される
② ストレスの解消
③ 物を手に入れる
④ 嫌なことからの回避（逃げ）
⑤ そのほか

●うまくいった行動とうまくいかなかった行動、違いはなんだろう？

きっかけによって行動が変わることを再確認して、行動を変えるための方法を考える一歩とする

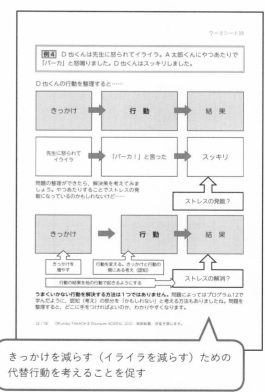

例4　D也くんは先生に怒られてイライラ。A太郎くんにやつあたりで「バーカ」と怒鳴りました。D也くんはスッキリしました。

D也くんの行動を整理すると……

きっかけ → 行動 → 結果

先生に怒られてイライラ → 「バーカ！」と言った → スッキリ

問題の整理ができたら、解決策を考えてみましょう。やつあたりすることでストレスの発散になっているのかもしれないけど……

ストレスの発散？

きっかけ → 行動 → 結果

きっかけを増やす　　行動を変える。きっかけと行動の間にある考え（認知）

行動の結果を他の行動で起きるようにする

ストレスの解消？

うまくいかない行動を解決する方法は1つではありません。問題によってはプログラム12で学んだように、認知（考え）の部分を「かもしれない」と考える方法もありましたね。問題を整理すると、どこに手をつければよいのか、わかりやすくなります。

きっかけを減らす（イライラを減らす）ための代替行動を考えることを促す

15　うまくいかない行動を分析して解決　…113…

問題解決練習テーマ：友だちにからかわれてモヤモヤ

うまくいかない問題を分析して整理したら…

3）解決策を考える
実現できるかできないかは考えずに、まずとにかくたくさんのアイデアを考えます。

① きっかけを減らす（増やす）解決策は？
② 考え（認知）の見方を変える解決策は？（かもしれない・それ事実？）
③ 感情をコントロールする解決策は？
④ 結果が同じになるほかの行動はない？
⑤ 援助要請する解決策はない？

解決策			
友だちに会わない			
理由を聞く			
運動する			
先生に相談する			
がまんする			
友だちにグチる			
音楽を聴く			

13 / 15 ©Kumiko TAKADA & Shunsuke KOSEKI, 2020 無断転載・改変を禁じます。

4）解決策を評価する
考えたアイデアを、効果と実行できそうかどうかの2つの観点から評価します。周りの人を悲しませたり、傷つけたりするアイデアは実行できませんね。

解決策	効果（0～10点）	実行できそうかどうか（0～10点）	合計点
友だちに会わない	10/10点	0/10点	10点
理由を聞く	10/10点	0/10点	10点
運動する	5/10点	10/10点	15点
先生に相談する	6/10点	10/10点	16点
がまんする	0/10点	5/10点	5点
友だちにグチる	7/10点	10/10点	17点
音楽を聴く	5/10点	10/10点	15点

ヒント
たとえば「理由を聞く」は効果は高そうですが、聞き方が難しかったり、相手の反応がどうなるかわからなくて実行が難しいなら、「理由を聞く」聞き方を「先生に相談する」という方法もありますね。まずは効果があること、簡単にできることを選択してやってみることが大切です。

14 / 15 ©Kumiko TAKADA & Shunsuke KOSEKI, 2020 無断転載・改変を禁じます。

> 問題はできるだけ細かく，具体的に書き出すことがおすすめです。例えば，「テスト勉強」だと，どこから手をつけていいかわからず，解決策も出にくいです。国語の問題集，数学のプリントなど，自分の抱えている具体的な課題を細かく分けて整理するようサポートしましょう

15 うまくいかない行動を分析して解決③

番号＿＿＿＿＿ 名前＿＿＿＿＿＿＿＿＿＿

問題解決練習テーマ：友だちへのやつあたりをやめたい

まずはたくさん解決策を考える

① きっかけを減らす（増やす）解決策は？
② 考え（認知）の見方を変える解決策は？（かもしれない・それ事実？）
③ 感情をコントロールする解決策は？
④ 結果が同じになるほかの行動はない？
⑤ 援助要請する解決策はない？

それから、効果と実行できそうかどうかを評価しましょう

解決策	効果（0～10点）	実行できそうかどうか（0～10点）	合計点
	/10点	/10点	点
	/10点	/10点	点
	/10点	/10点	点
	/10点	/10点	点
	/10点	/10点	点
	/10点	/10点	点
	/10点	/10点	点

15 / 15 ©Kumiko TAKADA & Shunsuke KOSEKI, 2020 無断転載・改変を禁じます。

今度は自分のうまくいかない行動を整理して、解決策を考えてみよう

1）問題を書き出す

プログラムのはじめに書き出したうまくいかない問題でもかまいませんし，ホームワークで考えた問題でもかまいません。

2）問題を整理する

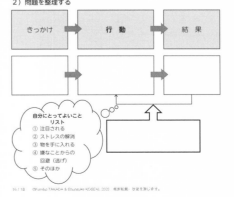

きっかけ → 行動 → 結果

自分にとってよいことリスト
① 注目される
② ストレスの解消
③ 物を手に入れる
④ 嫌なことからの回避（逃げ）
⑤ そのほか

15 / 15 ©Kumiko TAKADA & Shunsuke KOSEKI, 2020 無断転載・改変を禁じます。

3）解決策を考える

4）解決策を評価する・解決策を選択する

解決策	効果（0〜10点）	実行できそうかどうか（0〜10点）	合計点
	/10点	/10点	点
	/10点	/10点	点
	/10点	/10点	点
	/10点	/10点	点
	/10点	/10点	点
	/10点	/10点	点
	/10点	/10点	点

5）実行してみて解決策を次の時間の初めに先生と話し合おう

問題となっている行動が継続されてしまう理由に気づけない生徒は，「一時的に得ているもの」に気づけていない可能性があります。「一時的に得ているもの」がないかどうか，一緒に考えてみるのもよいでしょう

15	うまくいかない行動を分析して解決　自己評価
	番号＿＿＿　名前＿＿＿＿＿＿＿＿

☆自己評価☆

●問題の整理のしかたが理解できた

はい　・　どちらともいえない　・　いいえ

●解決策の考え方が理解できた

はい　・　どちらともいえない　・　いいえ

●問題解決のやり方について考えることができた

はい　・　どちらともいえない　・　いいえ

☆感　想☆

> 感想のヒント
> ・○○したことに意味があった。
> ・○○したのは理解できた。
> ・○○したのは楽しかった。
> ・○○ができるようになった。

☆担任の先生から☆

> 担任の先生に「うまくいかない行動を分析して解決」でどんなことを学んだか報告して，コメントをいただきましょう。

自分の問題や課題に向き合うことになるため，授業の終了時にはしっかりリラクセーションを行うようにしましょう

Teacher's Comments
プログラムの感想

　　自分の問題を表現することはできても，それを行動として記述することは難しいようでした。また，自分にとって問題となっている行動にメリットがあることに対して納得できない様子が見られました。しかし，自分の問題や課題に向き合う貴重な時間となりました。

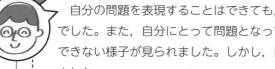

生徒が理解しやすい★★★☆☆　　　生徒の反応がよい★★★☆☆　　　実生活に活かせる★★★★☆

16 自分の「取り扱い説明書（トリセツ）」を作ろう

技法 & アプローチ	セルフモニタリング ☞ p.31 セルフコントロール ☞ p.39

指導区分（自立活動6区分）

健康の保持 ① ② ④ ⑤	環境の把握 ② ③ ⑤
心理的な安定 ① ③	身体の動き
人間関係の形成 ① ② ③ ④	コミュニケーション ① ④ ⑤

ポイント解説● プログラムも終盤ですが，1年間の授業で習得した様々なスキルを思い出しながら取り組んでいただきたいプログラムです。ここでは，自分の苦手な部分に直面し，その解決方法を整理することが大きな目標になります。苦手な部分を扱うことになるので，年度のはじめや，授業実施者となる先生との関係性が十分に構築できていない状況では，取り組みにくいテーマだと思います。このプログラムをうまく活用すれば，社会に出たときに自分の困難さを相手にわかってもらったり，うまく相手の配慮を引き出せたりすることにつながります。結果的に，できることが増え，自信にもつながるようなプログラムだと考えられます。ぜひ，明るい雰囲気で取り組んでいただきたい内容です。

A. 指導目標

自分の特徴・対処法・周りへの援助要請について考えることができる。

B. 指導計画　3単位時間（45分×3回）

時数	主な学習活動
1	ものの見方は人によって違うことを学び，自分の長所を取材する準備をする
2	ホームワークやこれまでの学習から，自分の特徴と，それに対しての自分なりの対処法，特徴に対して周りにしてほしいことを考える
3	ホームワークやこれまでの学習から，自分の特徴と，それに対しての自分なりの対処法，特徴に対して周りにしてほしいことを考える

C. 評価の観点

【知識・技能】ものごとの見え方，捉え方は1つではないことを学ぶことができる。

【思考・判断・表現】これまでの学習を振り返り，自分の特徴・対処法・周りへの援助要請について考えることができる。

【主体的に取り組む態度】自分の長所を主体的に取材したり，自分の特徴を客観的に捉えようとすることができる。

D. 本時の指導

時配 （分）		学習活動	指導上の留意点	準備物
1	10	1．リラクセーションを行い，プログラム15の ホームワークを確認する	・問題解決策を実施してみてどう だったか確認する	
	5	2．ものごとにはいろいろな見え方・捉え方があ ることを確認する ・Q1とQ2に取り組む	・板書の際には，ワークシートと 同じように板書しながら空欄を 埋める ・Q1とQ2に取り組む際，先生 は生徒と違う見方を答える	ワークシート 配布
	10	3．(1)プログラム03「自分の特徴を知ろう」で確 認した自分の長所について，今考えつく長所 があればそれも含めて書き出す		
	5	4．自分の長所について取材する対象を決める	・友だちに関しては無理をさせな い	
	10	5．取材の仕方についてロールプレイを行う	・相手に応じて言い方を変える指 導をする	
	5	6．今日のまとめとふりかえり，ホームワークの 説明		ホームワーク 2種類配布
2	5	1．リラクセーション		
	5	2．ホームワークの確認と前回のふりかえり	・ホームワークを確認してから前 回の確認を行う	
	10	3．「私の長所」に関しては，前回自分で考えたこ とに，取材でわかった長所を書き加える	・ホームワークがうまくできてい ない場合は別の時間を設定して 通級指導の先生とともに担任の 先生のところに取材に行く ・先生がリードする	ワークシート 配布
	15	4．これまでのワークシートを振り返りながら ワークシートに取り組む	・学んだ内容を簡単に振り返りな がらワークシートに取り組める よう支援する	
	10	5．今日のまとめとふりかえり，リラクセーショ ンを行う	・リラクセーションを行い，消去 動作を行う	
3	5	1．前回のふりかえり		
	30	2．これまでのワークシートを振り返りながら ワークシートに取り組む	・学んだ内容を簡単に振り返りな がらワークシートに取り組める よう支援する ・作業が続くため適宜休憩を入れ る	ワークシート 配布
	10	4．まとめ・自己評価・リラクセーション	・自己評価シートに記入する ・リラクセーションを行い，消去 動作を行う	自己評価シー ト配布

E. ワークシート（解答と指導のポイント）

【解答】
2本とも同じ

プログラム03を実施したときから時間が経過しているため，新たな自分の一面に気づけるように長所を見つけるヒントも確認し直すとよいでしょう

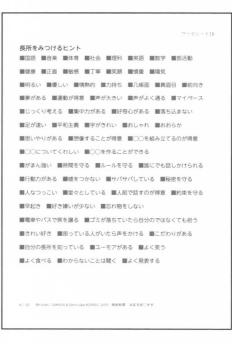

担任の先生やほかの先生に取材する際には，通級指導の先生から事前に趣旨を説明しておきましょう。長所のみ答えてもらうようにしましょう

ワークシート16

★自分の長所について取材する★

自分の長所をいろんな人に聞くことで，ほかの人から見た自分の長所を知ろう。

・取材対象・

① 通級の先生 （　　　　　　　　） 先生 （　　　　　　　　） 先生
② 担任の先生 （　　　　　　　　） 先生
③ 家族 （　　　　　　　　　　　　　　）
④ そのほかの人 （　　　　　　　　　　　　　　　　　）

聞き方 通級の先生を相手に練習をしよう

声をかけるポイント
相手の名前を呼ぶ・あいさつする

あなた「○○先生，おはようございます。今，お時間よろしいですか？
　　　　聞きたいことがあるのですが」

☞ **OKの場合**
先　生「○○さん，おはよう。いいよ」
あなた「今，通級の課題で自分の長所をいろんな人に取材するということをしています。○○
　　　　先生から見て，私の長所は何ですか？」

☞ **今はNGの場合**
先　生「○○さん，おはよう。これから授業だからだめだな」
あなた「わかりました。では，いつならよいですか？」
先　生「今日の昼休みならいいよ，職員室においで」
あなた「昼休み，職員室ですね。ありがとうございます。よろしくお願いします」

相手に合わせた言い方も練習してみよう。友だちや家族にはどう聞くかな？

8 / 12　©Kumiko TAKADA & Shunsuke KOSEKI, 2020　無断転載・改変を禁じます。

ワークシート16

16　自分の「取り扱い説明書（トリセツ）」を作ろう　ホームワーク
番号＿＿＿　名前＿＿＿

☑ **自分の長所を取材しよう。**

聞きながらメモをとるのが苦手な人は携帯やスマホ（スマートフォン）の録音機能を使って録音したり（相手に録音してよいか許可を取ろう），直接この用紙に書いてもらってもかまいません。

取材した人の名前	取材した人から見た私の長所

自分の「取り扱い説明書（トリセツ）」を作る
これまで学んだことをまとめて自分の考えや行動の特徴や課題，対処方法（自分のできること・工夫点），他人にお願いしたいことを整理して，自分のことを他人に説明したりする際に必要に応じて活用できるようにしましょう。

6 / 12　©Kumiko TAKADA & Shunsuke KOSEKI, 2020　無断転載・改変を禁じます。

ワークシート16

私が困ったときに助けてくれる人・相談に乗ってくれる人は
（ワークシート06参照）

相談内容	名前
勉強面	
友人とのトラブル	
進路相談	
健康・体調面	

私の特徴	特徴に対する私の対処法	特徴に関連して助けてもらいたいこと
（1）私のストレッサーになるものは	私のストレスコーピング方法は	ストレッサーを取り除くために周りができること
（ワークシート04参照）		
（2）私の嫌いなものは	嫌いなものに対する対処法は	嫌いなものに対して周りができること
（3）私のパニックは	パニックが起きそうになったら	パニックが起きたら周りにしてほしいこと
ときに起きます　（ワークシート09参照）		

8 / 12　©Kumiko TAKADA & Shunsuke KOSEKI, 2020　無断転載・改変を禁じます。

以前に考えていたことと考えが変化していたら，「以前と変化した自分」を意識させましょう

ワークシ

16　自分の「取り扱い説明書（トリセツ）」を作ろう②③
番号＿＿＿　名前＿＿＿

私の長所は（自分で思うこと・取材でわかったこと）

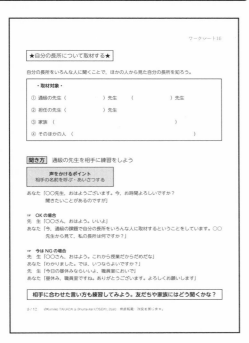

私の好きなもの・私の好きなこと

テレビ番組・音楽・お気に入りの場所・映画・俳優・アイドル・趣味・香り・本・食べもの・休みの日に何をしているか・集めているもの

7 / 12　©Kumiko TAKADA & Shunsuke KOSEKI, 2020　無断転載・改変を禁じます。

自分の特徴に対して周りがどのような援助をすればうまく問題を解決できるか，先生がリードして考えていく

16　自分の「取り扱い説明書（トリセツ）」を作ろう　…119…

ワークシート16

私の特徴	特徴に対する私の対処法	特徴に関係して助けてもらいたいこと
（4）私のイライラの兆候や怒りは，体の ... に表れます（ワークシート12参照）	私のイライラコントロール法は	私にイライラの兆候が現れていたら ... してほしいです
（5）私がキレそうになるのは ... ときです（ワークシート12参照）	私がキレそうになったときの対処法は	私がキレているのを見たときは ... してほしいです

私の特徴	特徴に対する私の対処法	特徴に関係して助けてもらいたいこと
（6）私が体調を崩しやすいのは ... ときです（ワークシート09参照）	私の体調の管理方法は	私が体調を崩しているときは ... してほしいです

9 / 12　©Kumiko TAKADA & Shunsuke KOSEKI, 2020. 無断転載・改変を禁じます。

ワークシート16

私の特徴	特徴に対する私の対処法	特徴に関係して助けてもらいたいこと
（7）私の考え方のクセは（ワークシート11参照）	私の考え方のバランスの取り方は	私が考え方のバランスが取れていないときは ... してほしいです
（8）私は時間を守ることが（得意・不得意）です（ワークシート09参照）	時間を守るための工夫は	私が時間を守れていないときは ... してほしいです

工夫は何だったかな？　　助けてもらいたいことは？

私の特徴	特徴に対する私の対処法	特徴に関係して助けてもらいたいこと
（9）私はスケジュール管理が（得意・不得意）です（ワークシート10参照）	私のスケジュール管理の工夫は	私がスケジュール管理ができていないときは ... してほしいです

10 / 12　©Kumiko TAKADA & Shunsuke KOSEKI, 2020. 無断転載・改変を禁じます。

作業が続くため，適宜休憩を入れるようにしましょう

ワークシート16

私の特徴	特徴に対する私の対処法	特徴に関係して助けてもらいたいこと
（10）私は集中するのが（得意・不得意）です（ワークシート10参照）	私の集中方法は	私が集中できてないときは ... してほしいです
（11）その他知っておいてほしい特徴		... してほしいです

「取り扱い説明書（トリセツ）」をまとめることで自分の特徴について整理することができるね

11 / 12　©Kumiko TAKADA & Shunsuke KOSEKI, 2020. 無断転載・改変を禁じます。

「⑾その他知っておいてほしい特徴」に関しては，以下の事項が⑴から⑽までで触れられていない場合，確認して支援に役立てる。
☐ 視覚・聴覚・嗅覚などの感覚に過敏性，あるいは鈍麻がある
☐ 偏食があり食べられないものがある
☐ 集中が難しい
☐ 忘れ物が多い
☐ 優先順位をつけることが苦手
☐ 四字熟語やことわざ，たとえ話が苦手
☐ 読み書き計算のいずれか，または複数に困難がある

16	自分の「取り扱い説明書（トリセツ）」を作ろう　自己評価

番号＿＿＿　名前＿＿＿

☆自己評価☆

●自分の長所を取材することができた

　　　　　　　　　　　　　　　はい　・　どちらともいえない　・　いいえ

●自分の特徴についてまとめることができた

　　　　　　　　　　　　　　　はい　・　どちらともいえない　・　いいえ

●自分を客観的に見ることができた

　　　　　　　　　　　　　　　はい　・　どちらともいえない　・　いいえ

☆感　想☆

> 感想のヒント
> ・○○したことに意味があった。
> ・○○したのは理解できた。
> ・○○したのは楽しかった。
> ・○○ができるようになった。

☆担任の先生から☆

> 担任の先生に「自分の「取り扱い説明書（トリセツ）」を作ろう」でどんなことを学んだか報告して，コメントをいただきましょう。

12／12　Gkumiko TAKADA & Shumuko KOSEKI 2020　無断転載・改変を禁じます。

「取り扱い説明書（トリセツ）」の活用例

＊新しい環境で，自分のことを理解してもらいたいとき，例えば，社会人になり，職場の同僚に自分のことを知ってもらいたいときに活用できそうです

＊高校卒業後の進学先や就職先などで，適切なサポートを希望する際にも活用可能です。

＊自分の得意・不得意を相手に理解してもらうことで，本来の力を発揮しやすい環境が整えられることが期待できます。

技法 & アプローチ　参考図書

●学校でフル活用する認知行動療法

神村栄一 著　遠見書房

日々の相談活動に取り入れれば，子どもたちとその環境によい変化をもたらせるはず！　学校における認知行動療法活用のコツ。

●中学・高校で使える　人間関係スキルアップ・ワークシート——ストレスマネジメント教育で不登校生徒も変わった！

嶋田洋徳・坂井秀敏・菅野 純・山﨑茂雄 著　学事出版

不登校の生徒を対象としたチャレンジスクールでの実践を多数紹介。通級指導や通常学級でも活用可能なワークが満載！

●いじめ問題解決ハンドブック——教師とカウンセラーの実践を支える学校臨床心理学の発想

山本 獎・大谷哲弘・小関俊祐 著　金子書房

学校が「教育」の機能を果たすために，いじめをどう捉え，対応すればよいのか具体的な方法を提示した書籍。いじめ予防を目的とした学級集団向けの認知行動療法の活用方法や，行動に着目した児童生徒理解の観点についても説明。

Teacher's Comments　プログラムの感想

　自閉傾向の強い生徒にとって，相手の立場からものごとを考えることが苦手なようでしたが，この授業では1つの同じ事象を2人で見て考え，それぞれの見方や考えをやりとりする機会もあり，他者性を育むことが期待できると感じました。

生徒が理解しやすい★★★★☆　　生徒の反応がよい★★★★★　　実生活に活かせる★★★★☆

17 1年前の自分と今の自分

技法 & アプローチ	セルフモニタリング ☞ p.31

指導区分（自立活動6区分）

健康の保持 1 2 4 5	環境の把握 2 4 5
心理的な安定 1 2 3	身体の動き
人間関係の形成 1 2 3 4	コミュニケーション 1 2 4 5

ポイント解説● 1年間，お疲れさまでした！ 生徒もそうですが，ご担当いただいた先生ご自身にも，1年間取り組まれたことに対するねぎらいと，できれば何かささやかなごほうびを設定していただければと思います。さて，ここでは1年間を振り返り，特に成長した部分に焦点をあてて振り返りを行っていきます。4月当初にはできなかったこと，苦手だったことも，いくつかはできるようになっているのではないでしょうか。その変化に生徒自身が気づかないと，とてももったいないことですので，このプログラムを通して，しっかりと伝えていただければと思います。また，これまでできなかったことがなぜできるようになったのかを詳しく整理することは，今，あまりできていないことを理解し，対策を立てるためのヒントにもなります。本プログラムの実施の様子や授業の記録は，学年によっては，次年度の担任や教科担当の先生に引き継いでいただくのもよいでしょう。

A. 指導目標

　1年前の自分と現在の自分を比較することで，自身の成長に気がつき，肯定的に評価することができる。

B. 指導計画　1単位時間（45分×1回）

時数	主な学習活動
1	1年間の通級指導教室での学びを振り返ることで自分の成長に目を向ける

C. 評価の観点

【知識・技能】自らが学んだことを確認する方法を学ぶことができる。

【思考・判断・表現】自らが学んだことを評価することができる。

【主体的に取り組む態度】1年間の振り返りに主体的に取り組むことができる。

D．本時の指導

時配 （分）		学習活動	指導上の留意点	準備物
1	5 15 10 10 5	1．リラクセーション 2．これまでのプログラムを振り返りながら自分の理解したこと，できるようになったことを肯定的に評価する 3．プログラム01で考えた「高校を卒業するころにはどんな自分になっていたいか」を振り返り，1年間の授業を受ける前と比較して，何がどのくらいできるようになったかを評価する 4．来年度1年間の行動目標を立てる 5．ふりかえり，自己評価	 ・行動目標になっているかアドバイスする ・自己評価シートに記入する	ワークシート配布 自己評価シート配布

E．ワークシート（解答と指導のポイント）

マイナスに捉えてしまう生徒に関しては，先生がプラスの評価を具体的に行う

付箋などを使って，ワークシートに貼り付けるのもよいでしょう

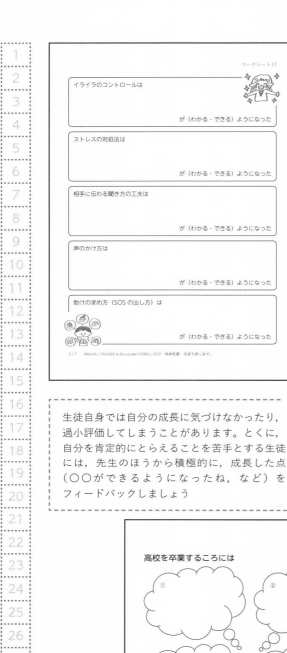

生徒自身では自分の成長に気づけなかったり，過小評価してしまうことがあります。とくに，自分を肯定的にとらえることを苦手とする生徒には，先生のほうから積極的に，成長した点（○○ができるようになったね，など）をフィードバックしましょう

少しでも近づいていたら，あるいはその努力が見られたら，そのことを肯定的に評価する

行動レベルの目標であるか
確認する（回数，頻度）

ワークシート17

来年度に向けて行動目標を立てよう
（社会人になる人はそれに向けての行動目標）

◉あなたの1年間の行動目標を考えよう

生　活	
コミュニケーション	
学　習	
そのほか	

行動レベルの目標とは，○印の目標です。
×印の目標は，実際に行動しようとすると，何をすればよいのかわかりにくいですね。
○印の目標は，毎日の生活のなかで実現できそうです

- ・規則正しい生活をする　×
- ・朝7時には着替えて食事する　○

- ・なるべく会話する　×
- ・朝「おはよう」をいう　○

6 / 7　©Kumiko TAKADA & Shunsuke KOSEKI, 2020　無断転載・改変を禁じます。

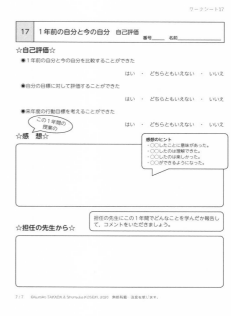

1年間，お疲れさまでした！

　1年間の授業を振り返りながら，おもしろかったこと，難しかったこと，できるようになったことや現在の様子など，様々な内容の対話をすることができました。プログラムに参加したすべての生徒が，他の生徒にもすすめたいプログラムだと答えました。

生徒が理解しやすい★★★★☆　　生徒の反応がよい★★★★☆　　実生活に活かせる★★★★☆

Follow Up !
　年度がかわり，通級指導を受ける生徒の中には本プログラムが2回目となる生徒もいます。同じ内容を復習しつつ，前年度よりも一人ひとりの課題に合わせて取り組むことで，さらに自分の問題やスキルとして理解が進んでいる印象をもっています。

実践を
有効なものにするために

　本書で紹介している高校通級指導プログラムは，すでに実際の高等学校で年間を通して実践され，参加した生徒や，先生方からも相応に高い評価を受けたものです。さらに，アンケート調査を用いた効果の検証結果からも，行動の積極性を高め，ソーシャルスキルの向上を促進し，また「不安・抑うつ」や「不機嫌・怒り」といった心理的ストレスを減らす効果も確認することができています。しかしながら，高等学校における通級指導の時間だけでは，プログラムの効果は限定的になってしまいます。この章では，通級指導の実践効果をさらに高めるためのポイントについてご紹介したいと思います。

ポイント
1　通級指導で得た知識や技能を日常生活に活かそう！

　高校通級指導プログラムは，当然のことながら，通級指導の場面のみに活用できる知識や技能の習得を目指すものではありません。対象となる生徒の日常生活，すなわち授業中や学級内での友だちとの関わり方，部活動での先輩や後輩とのふるまい方，学外での塾やアルバイトなど，様々な場面で活用できることを目標としています。しかしながら実際には，部活でできたことが本番の試合ではうまく発揮できないこともあるように，通級指導の場でできたことがスムーズに日常でもできるかとなると，必ずしもうまくいかないことが少なくありません。

　このような問題を解決するための工夫のひとつとして，通級指導で扱った知識や技能を，まずは参加した生徒の担任の先生や教科担当の先生をうまく巻き込んで発揮できるように支援していくことが必要となるでしょう。例えば，プログラム03「自分の特徴を知ろう」を実践したあとに，担任の先生に，生徒自身の良いところを聞いてみたり，あるいは先生自身が思う，先生の良いところを聞いてみたりする活動を，ホームワークとして課してもよいかもしれません。あるいは，毎回の授業のあとに，生徒に対して感想の記入を求め，その感想に対して担任からコメントを求めるような手続きを採用してもよいでしょう。

このように，まずは相手からの「ポジティブな反応を引き出すことが期待されやすい」担任の先生や教科担当の先生を対象に，習得した技能を使って，実際にコミュニケーションをとってみて成功体験を積むことを確認できればと思います。その後，周囲の生徒など，少しハードルの高い相手に実践してみるという形で，日常生活のなかで，スモールステップを組み立てるような工夫が有効であると思います。これによって，先生方にも，通級指導で扱っている内容の意図を十分に理解してもらうことが可能になるでしょう。先生方に研修会などを行って，内容やその意図の周知を行う取り組みも有効です。

また，周囲の生徒を巻き込む際には，クラスメイトなどの受け入れ態勢を担保することも重要な要件になります。例えば，プログラム08「相談できる人・場所を見つけよう」で，他の人に適切に援助を求める行動を習得したとしても，周りの生徒や先生から適切に受け入れてもらえなければ，その行動は維持されなくなってしまう可能性が高くなります。うまく他の生徒にも働きかけるために，例えば学活などの授業を使って，援助要請スキル（p.71参照）を学級全体や学年全体を対象に実施したり，あわせて「誰かの『困った！』に気づいたら？」などのテーマで，学校内にかぎらず，人を援助することに注意を向けさせたりするような工夫を用意しておくと，援助要請と援助提供がうまく組み合わせられて，効果が高まるでしょう。

通級指導「だけ」で終わってしまうと…

他の生徒も含めた支援を展開できると…

　このように，通級に通う生徒の，対生徒あるいは対先生場面における，通級で習得した知識や技能の発揮の様子を捉えたり，日常生活において，生徒がどんな工夫をして他者と関わることができたかを知ったりするためには，通級指導の先生が主導して，担任の先生や教科担当の先生，あるいは生徒とのコミュニケーションを積極的にとっていただくことを推奨しています。コミュニケーションの内容は必ずしも勉強や対人関係のことだけではなく，いわゆるおしゃべりでもよいでしょう。生徒にとって，先生が話しやすい相手の1人になることが，通級で学んだスキルを練習する相手の確保にもつながります。日常生活における，生徒の「できた！」をキャッチするために，生徒の様子を普段から見ておくことも必要です。生徒の趣味，興味のあること，将来の夢など，活かせるものは何でも活かしていきましょう。

ポイント
2　通級指導はポジティブな場所！

　通級指導にかぎらず，勉強，スポーツ，芸術のいずれにおいても，興味関心のあるものや楽しいものは，苦手意識の強いものや実際に苦手なもの，つまらないものよりも格段に上達が早いということは，誰もが経験的に理解していることでしょう。通級指導の時間も，対象となる生徒にとって，楽しみで，わくわくするような，自分のスキルアップを実感できる時間にすることができると，習熟度も高まるでしょう。通級指導の時間は，「自分の苦手なことに直面し，筋トレのように苦痛を伴いなが

ら成長する場所」ではありません。「自分のできることに気づき，できることを増やし，できることでいろんな場面をハッピーにするための場所」です。最初の一歩は，このセッティングから始めていただくことが重要となります。高校通級指導プログラムにおいても，プログラム01「ちょっと先の未来図」やプログラム03「自分の特徴を知ろう」では，自分のできないところ，苦手な部分は置いておいて，できること，得意なところ，好きなことなど，ポジティブな側面を強調して扱っています。このようなプログラム構成には，通級指導の時間を楽しみにしてもらいたい，という思いが込められています。

　しかしながら，通級指導に対する認識はまだまだ不十分であり，通級指導に通う生徒の中には，「自分ができないから参加させられている」と誤解している生徒もいるでしょう。また，周りの生徒，あるいはもしかしたら先生や保護者の中にも，「あいつはダメだから通級に参加している」と考えてしまっている人もいるかもしれません。このような，通級指導をポジティブな空間として捉える気持ちに水を差すような偏見を減らしたり，なくしたりする工夫も必要でしょう。

　具体的な方法としては，通級指導に参加するとどのようなよいことがあるかを，積極的にアピールしていく方法があります。そもそも高校通級指導プログラムは，「できない」を支援するのではなく，「困った」を支援していくという視点で進められていきます。このように考えれば，生活していく上で，困る経験をまったくしないという人はほとんどいないわけですから，授業の一環として困ったことに対して，先生が一緒に対応してくれる，さらに，それは高校生活だけではなく，社会に出てからも役に立ちそうだ，というメリットを体感できるようになることがよいでしょう。そのためには，例えば前年度に高校通級指導プログラムに参加していた生徒の話など，実体験を紹介することも役に立ちます。うまく調整がつけば，高校通級指導プログラムに参加していた卒業生から，プログラムで習得したことで，社会に出てから有効だったことなどを，報告してもらう機会を設定してもよいかもしれません。

　また，プログラム09「ベストのパフォーマンスをするには」やプログラム10「約束を守るためのコツ」などで紹介されている，セルフモニタリングの方法や有効なアプリの活用などは，通級指導に通う生徒だけではなく，すべての生徒に習得してほしい方法といえるでしょう。また，プログラム04「ストレスとうまく付き合おう」なども，高校生だけではなく，すべての人々にとって重要なテーマといえるでしょう。このような方法については，一般に生徒の能力を考慮する必要がありますが，通級指導の対象となっている生徒が発信者となり，他の生徒に教える役割を担うことなどもよいでしょう。通級指導の授業のまとめとして，通級指導で学んだことを他の生徒にプレゼンテーションするような時間を設けてもよいかもしれません。

　繰り返しになりますが，高校通級指導プログラムが奏功するかどうかの重要なポイントは，いかに楽しく実践を進められるか，ということです。そのためには，先生たちも，楽しく，明るく取り組んでいただきたいと思います。何もかも完璧にできる人はなかなかいません。「できないことをなくす」

のではなく，「できることを増やしていく」という視点で，高校通級指導プログラムを通して，どんどんいろんなスキルや知識を獲得していく，レベルアップしていくことを確認していきましょう。

ポイント 3 過去ではなく，未来に目を向けよう！

　通級指導の対象となっている生徒の中には，これまでの学校生活において，十分な成功体験を積むことができなかった生徒もいるでしょう。そして残念なことに，「これまでダメだったから，これからもダメに違いない」と，あきらめたり投げやりになったり，中には絶望してしまう生徒もいるかもしれません。ドラえもんのセリフに，「未来は変えられるんだ！」という言葉があります。過去の失敗は，どんなに頑張ってもその事実をなかったことにすることはできません。ただ，頑張りを積み重ねた未来には，今よりも多くの人生の選択肢ができているはずです。高校通級指導プログラムの効果は，すぐに発揮されるものもあれば，なかなか芽が出ないものもあります。目の前の結果の有無のみに焦らずに，少し先の未来に目を向けて取り組んでいただくことが重要です。

　通級指導の延長線上には，進路指導も関わってくることがあるでしょう。進路指導に対しても，苦手意識をもつ生徒は少なくないように思います。進路指導では，現在の自分の成績などから，将来が「制限」されるように感じてしまう生徒がいるようです。プログラム01「ちょっと先の未来図」やプログラム17「1年前の自分と今の自分」で扱っているのは，このような「制限」が多い未来ではなく，今の自分にはもしかしたら十分ではない能力も含めた「無限」の未来です。今できることから将来を決めるのではなく，将来の夢から，今やるべき必要なことを決めていく，という考え方で，このプログラムでは未来を考えていきます。現状に合わせて目標を決めるのではなく，将来の理想に合わせて目標設定をしていく，という視点です。

　このような視点は，生徒にとっては，モチベーションを高めることにもつながりますが，設定した目標が大きすぎる場合には，かえってモチベーションを下げてしまうというリスクを抱えています。このリスクを最小限に抑えるためには，目標を掲げたあとは，できる限り細かいスモールステップを設定していくことが必要です。スモールステップを構築するためには，「課題分析」という考え方が有効です。1つの課題（例えば，「履歴書を書く」）をクリアするために必要な，細かい課題を整理する（例えば，「履歴書の用紙を買ってくる」，「顔写真を撮る」，「自分の経歴を整理する」，「志望動機を考える」，「自分の得意なこと，趣味について考える」などなど）ことを，課題分析といいます。この課題分析によって，最終目標をクリアするためのステップが設定しやすくなるでしょう。この考え方も，生徒と一緒に確認していただきたい視点となります。

　スモールステップの設定のコツは，「できて当たり前をなくす」ということです。できることを積

み重ねていくことで，自信にもつながりますし，生徒自身が，自分は何ができるのか，何が得意なのかに気づくことができるようになります。なかには，他の生徒が普通にできること，できて当たり前なことがステップとして設定されることもあるかもしれません。しかしながら，どんなことでも，できるということがそれだけで十分に大事なことになります。できていることをしっかりと生徒に認識させるために，しっかりとその点をフィードバックしていただくとよいでしょう。

　１年間を通して，あるいは高校生活が終われば，高校通級指導プログラムも終わり，というわけではありません。むしろ，これからのもっともっと長い人生のスタートラインに立つことになるわけです。社会に出てから，新たな困難につまずく生徒もいることでしょう。高校通級指導プログラムで扱った内容でも，十分にその成果を発揮できない生徒もいるかもしれません。でも，高校通級指導プログラムで扱っている内容の本質は，「転ばぬ先の杖」ではなく，「転んだあとの立ち上がり方」を身につけることにあります。高校を卒業したあとも，どのように高校通級指導プログラムの成果を生かすことができているか確認したり，高校通級指導プログラムで得た知識や技能を発揮する手助けになるような視点をあらかじめ伝えたりできると，さらに日常生活に根差した形での，知識や技能の定着が期待できるはずです。

さいごに

　高校通級指導プログラムで扱っている内容も，そのほかの勉強も，対人関係も，スポーツも，一朝一夕でがらりと好転することは非常に稀です。毎日毎日の，少しずつの積み重ねが求められるでしょう。特に通級指導が始まった初期の段階で，その積み重ねを支えるのは先生方からの励ましや，できていることに対するフィードバックが中心になります。通級指導で習得したことが円滑に発揮できるようになると，周囲の生徒からポジティブな反応が返ってきたり，生徒自身が自分のできたことに気づけたりするようになるでしょう。そうなると，先生方からのフィードバックを少しずつ減らしていっても，指導内容が消えてしまう可能性は低くなります。この段階まで見届けていただくことができると，通級指導での実践が，長期的にも効果を示す可能性が高くなると考えることができます。

おわりに

　2005年（平成17年）に中央教育審議会が「特別支援教育を推進するための制度の在り方について（答申）」を出し，14年が経ちました。そのとき大学学部の4年生だった私が，「特別支援教育」という言葉に出会うのは，まだまだ先のことでした。修士論文と博士論文では，現在では多くの実践が蓄積されていますが，そのころの日本では萌芽的な研究テーマであった，子どもに対する「認知療法」を用いた心理的支援について取り組みました。大学院の実習で，発達障害のある児童生徒の支援は行っていましたが，特別支援教育はまだまだ縁遠いものでした。2010年度に愛知教育大学に着任し，教員養成に携わることで，これまで以上に学校現場に関わらせていただくことが増えました。たくさんの学校の先生方と出会い，お話ししていくなかで，学校の先生方がいかに特別支援教育を推進していくかに困っていらっしゃることを知りました。そこが，私と特別支援教育のある意味最初の出会いだったように思います。2012年度からは小学校のスクールカウンセラーとしても働きはじめ，一気に特別支援教育の世界に飛び込むことになりました。

　2018年度から高等学校の通級指導が開始することは，本書の共著者でもある大谷哲弘先生との日常会話のなかで初めて知りました。制度はスタートするけれど，何をしたらよいかが定まっておらず，学校の先生方が困っているようだ，というお話もうかがいました。そこから，まずは高等学校の通級指導の制度について調べていたところ，時を同じくして，豊富な教職経験があり，特別支援教育に強い関心をもった，本書の編著者である髙田久美子先生が，大学院生として私のゼミに入ってくださいました。さらに，私が修士課程のときに現職派遣として兵庫教育大学に在籍され，ともに同級生として過ごした一瀬英史先生が，ご自身の所属する高等学校で通級指導を担当されるというお話をうかがい，共同研究という形で，本書のプログラムを実践していただくこととなりました。高等学校の通級指導のポイントについては，金子書房から『いじめ問題解決ハンドブック』を公刊する際にご一緒させていただいた，山本奨先生にもサポートいただくことができました。プログラムの軸となる認知行動療法のキーワードには，現在大学院に所属している，杉山智風さんと新川瑶子さんに尽力いただきました。全体の枠組みを再整理する際には，私の大学時代の指導教員で，お会いしてから早20年になる，嶋田洋徳先生にご助力を賜りました。このような，様々なご縁と出会いのもと，本書を公刊するに至り，大変感慨深く思っております。

　特別支援教育も，高等学校における通級指導も，まだまだ発展途上の分野であり，本書も決して完成されたものとはいえないのが実際です。しかしながら，手探り状態の高等学校における通級指導の先駆けである本書のプログラムを，ひとつのたたき台としてご活用いただき，今後の発展の礎となることができれば，本書の果たすべき役割は担えたと考えております。本書を手にとっていただいた先

生方とともに，これからの特別支援教育，および高等学校における通級指導を築き上げることができ
ればと期待しております。

　最後に，出版にあたり，細やかな気配りと的確なご助言で執筆を支えてくださいました，金子書房
編集部の天満綾様に，心より感謝申し上げます。

2020年1月19日

小関　俊祐

編著者紹介

小関 俊祐（こせき しゅんすけ）
桜美林大学 心理・教育学系 准教授

山形県生まれ。2009年，兵庫教育大学連合大学院博士課程修了。博士（学校教育学）。日本学術振興会特別研究員，愛知教育大学教育学部助教，同講師を経て，2014年より桜美林大学心理・教育学系講師，2019年より現職。公認心理師，臨床心理士，認知行動療法スーパーバイザー®，日本ストレスマネジメント学会認定ストレスマネジメント®実践士，専門行動療法士，指導健康心理士。
著書に『小学生に対する抑うつ低減プログラムの開発』（風間書房），『いじめ問題解決ハンドブック：教師とカウンセラーの実践を支える学校臨床心理学の発想』（金子書房，共著），『認知行動療法を生かした発達障害児・者への支援：就学前から就学時，就労まで』（ジアース教育新社，共編著）など。好きなものは，ドラえもん。

髙田 久美子（たかだ くみこ）
東京都公立学校スクールカウンセラー

北海道生まれ。中学校教員を経て，2019年，桜美林大学大学院修士課程修了。修士（臨床心理学）。公認心理師，臨床心理士。
主な論文として「認知行動療法および行動コンサルテーションにおける高等学校での特別支援教育の現状と課題」（桜美林大学心理学研究，筆頭著者）など。趣味はカメラ。最近の被写体は下町の地域猫。

嶋田 洋徳（しまだ ひろのり）
早稲田大学 人間科学学術院 教授

東京都生まれ。1996年，早稲田大学大学院博士後期課程修了。博士（人間科学）。広島大学総合科学部，同大学院生物圏科学研究科助手，新潟大学人文学部講師，同助教授，早稲田大学人間科学部助教授（准教授）を経て，2008年より現職。公認心理師，臨床心理士，認知行動療法スーパーバイザー®，日本ストレスマネジメント学会認定ストレスマネジメント®実践士。
著書・訳書に『集団認知行動療法の理論と実際』（金子書房，監訳），『中学・高校で使える人間関係スキルアップ・ワークシート：ストレスマネジメント教育で不登校生徒も変わった！』（学事出版，共著），『学校，職場，地域におけるストレスマネジメント実践マニュアル』（北大路書房，共編著），『認知行動療法事典』（丸善，編集委員長）など。好きなものはスポーツ観戦，映画鑑賞。

執 筆 者 一 覧

小関 俊祐（こせき しゅんすけ）　編著者　　　　… はじめに，II，III，IV，V，おわりに・ワークシート

髙田 久美子（たかだ くみこ）　編著者　　　　　　　　　　　　　… IV，ワークシート

嶋田 洋徳（しまだ ひろのり）　編著者　　　　　　　　　　　　　　　　　… II

杉山 智風（すぎやま ちかぜ）　桜美林大学大学院心理学研究科・修士課程

　　　　　　　　　　　　　　　　　　　　　… IV（技法＆アプローチ 解説）・V

新川 瑶子（にいかわ ようこ）　桜美林大学大学院心理学研究科・修士課程

　　　　　　　　　　　　　　　　　　　　　　　… IV（技法＆アプローチ 解説）

一瀬 英史（いちのせ ひでし）　山梨県立中央高等学校・教諭　　… IV（Teacher's Comments）

大谷 哲弘（おおたに てつひろ）　立命館大学産業社会学部・教授　　　　　　　… I

山本 獎（やまもと すすむ）　岩手大学大学院教育学研究科・教授　　　　　… I

（所属は2020年2月現在）

自立活動の視点に基づく 高校通級指導プログラム

認知行動療法を活用した特別支援教育

2020年2月28日　初版第1刷発行　　　　　　　　　　　　　　　　　　　　　〔検印省略〕
2023年11月29日　初版第3刷発行

編著者　　小関俊祐・高田久美子・嶋田洋徳
著　者　　杉山智風・新川瑤子・一瀬英史・大谷哲弘・山本　奬

発行者　　金 子 紀 子
発行所　　株式会社 金 子 書 房

〒112-0012　東京都文京区大塚 3 - 3 - 7
TEL 03(3941)0111(代)　FAX 03(3941)0163　https://www.kanekoshobo.co.jp
振替 00180-9-103376

イラスト　　飯田麻奈
印刷　　藤原印刷株式会社　　製本　有限会社井上製本所